趙爾巽等撰

清史稿

第二二册

卷一七八至卷一八四（表）

中華書局

清史稿卷一百七十八

表十八

部院大臣年表一上

漢書年表，徧及卿尹。明史所表，止於七卿。清增理藩院，蒙、藏、回諸部，都凡要務，於焉匯歸，輯民綏邊，所任殊重，與七卿等。侍郎之屬，雖曰副貳，然與尚書皆爲敵體，題奏之草，有一不畫，例不得上，奬勸罰過，皆所與同；且內而樞輔，外而督撫，每由茲選，材雋所萃，未可闕也。光緒之季，增新汰舊，並於名稱亦多更易，依時爲表，期無舛漏。管部管院，權任亦重，以非官制，故概不書。作部院大臣年表。

	順治元年甲申
吏部滿尚書	鞏阿岱自承政改。
吏部漢尚書	
戶部滿尚書	英俄爾岱自承政改。
戶部漢尚書	
禮部滿尚書	郎球自承政改。
禮部漢尚書	
兵部滿尚書	韓岱自承政改。
兵部漢尚書	
刑部滿尚書	吳達海自承政改。
刑部漢尚書	
工部滿尚書	星內自承政改。
工部漢尚書	
吏部滿侍郎	喀喀木自參政改。
吏部漢侍郎	祖澤洪自參政改。 沈惟炳七
吏部滿侍郎	
吏部漢侍郎	馬光輝自參政改。
戶部滿侍郎	碩詹自參政改。
戶部漢侍郎	鄧長春十月革。 謝啓光七月,
戶部滿侍郎	庫禮自參政改。
戶部漢侍郎	王國光自參政改。 党崇雅七
禮部滿侍郎	俄莫克圖四月革。 藍拜任。
禮部漢侍郎	柯汝極三月壬辰,禮部侍郎。
禮部滿侍郎	明安達禮自參政改。
禮部漢侍郎	祖澤遠三月,禮部侍郎。 何瑞
兵部滿侍郎	譚拜自兵部參政改。
兵部漢侍郎	金維城
兵部滿侍郎	巴都禮
兵部漢侍郎	劉餘祚
刑部滿侍郎	卓羅
刑部漢侍郎	孟喬芳四月遷。十一月戊寅,房
刑部滿侍郎	阿拉善自參政改。六月癸亥,提
刑部漢侍郎	金玉和正月,刑部侍郎。八月遷。
工部滿侍郎	濟席哈自參政改。巴山七月,工
工部漢侍郎	
工部滿侍郎	代都九月,工部侍郎。
工部漢侍郎	李化熙九月己丑,工部右侍郎。

月，吏部左侍郎。

戶部左侍郎。

月乙未，戶部侍郎。九月遷。十月壬申，王公弼代。

孫之獬十一月己未，禮部左侍郎。

徽六月己未，禮部右侍郎。

可壯刑部左侍郎。

橋刑部右侍郎。

部侍郎。

順治二年乙酉

鞏阿岱

英俄爾岱

郎球

韓岱

吳達海

星內

喀喀木

祖澤洪 沈惟炳 正月乙巳革。陳名夏 二月

馬光輝 熊文舉 二月乙酉,吏部右侍郎。六

碩詹

王國光 王公弼 二月丙辰,戶部左侍郎。

庫禮

祝世廕 七月己未,戶部侍郎。 王公弼 二月

藍拜

柯汝極 孫之獬 六月還。七月壬戌,李若琳

明安達禮

祖澤遠 何瑞徵 六月丁丑病免。七月壬戌,

譚拜

金維城 劉餘祐

朱瑪喇

金之俊 七月丁丑還。己卯,李元鼎 兵部右侍

卓羅 阿拉善

孟喬芳 四月還。 党崇雅

李率泰 房可壯 十一月,刑部右侍郎。

濟席哈

葉初春 憂免。四月癸亥,李化熙 工部左侍郎。

巴山 十一月還。 代都

李化熙 四月癸亥還。 趙京仕 工部右侍郎。

順治三年	
英俄爾岱	
郎球	
韓岱正月	
吳達海	
星內	
喀喀木	
祖澤洪	丙辰，吏部左侍郎。
馬光輝	月罷。金之俊吏部右侍郎。
碩詹	
王國光	
庫禮	
祝世廕	遷。任濬戶部右侍郎。六月辛酉罷。
藍拜	
柯汝極	禮部左侍郎。
明安達禮	
祖澤遠	高爾儼禮部右侍郎。
譚拜二月	
金維城	
朱瑪剌	
李元鼎四	郎。
卓羅	
李率泰	
阿拉善	
徐大貴五	
濟席哈	
佟國應七	
代都喇	
趙京仕	

丙戌	順治四
	譚拜四
	英俄爾
	郎球
壬戌遷。二月甲申,譚拜兵部尚書。	譚拜四
	吳達海
	星內
	喀喀木
陳名夏	祖澤洪
金之俊	馬光輝
	碩詹
王公弼	王國光
	庫禮
張鳳翔五月甲子,戶部右侍郎。	祝世廕
	藍拜
李若琳	柯汝極
	陳泰四
高爾儼	祖澤遠
遷。甲申,明安達禮兵部侍郎。	明安達
劉餘祐	金維城
佟代五月丙辰,兵部侍郎。	朱瑪喇
月革。	李元鼎
	卓羅
党崇雅	李率泰
月丙辰,刑部侍郎。房可壯	徐大貴
	濟席哈
月丙午,工部侍郎。李化熙五月假。	李化熙
瑪八月丁丑,工部侍郎。	代都
	趙京仕

年丁亥

月乙亥，吏部尚書。

岱

月，遷阿哈尼堪兵部尚書。

七月丁巳出征。

五月戊辰免。陳名夏

金之俊

噶達渾四月乙亥，戶部侍郎。

王公弼

喀達渾四月，戶部侍郎。

張鳳翔

李若琳

月壬申，禮部侍郎。

高爾儼

禮

劉餘祐

三月甲寅革。四月庚辰，李化熙兵部右侍郎。

党崇雅

房可壯

四月庚辰遷。六月癸酉，趙京仕工部左侍郎。

六月癸酉遷。王永吉工部右侍郎。丙子革。戊午，

	順治五年戊子七月丁丑,
	譚拜
	陳名夏七月丁丑,吏部尚
	英俄爾岱二月丁卯卒。七
	謝啓光七月丁丑,戶部尚
	郎球
	李若琳七月丁丑,禮部尚
	阿哈尼堪
	劉餘祐七月丁丑,兵部尚
	吳達海
	党崇雅七月丁丑,刑部尚
	星內
	金之俊七月丁丑,工部尚
	喀達渾三月己酉,吏部侍
	馬光輝 陳名夏七月丁
	王一品三月戊戌,吏部侍
	碩詹 噶達渾三月己酉
	王國光遷。王公弼八月
	庫禮
	祝世廕 張鳳翔七月遷。
	藍拜
	柯汝極遷。五月壬午,吳汝
	陳泰
	祖澤遠 五月壬午,劉元
	朱瑪喇 佟代
	金維城 劉餘祐七月丁
	明安達禮
	劉仲金五月壬午,兵部侍
	卓羅
	李率泰 党崇雅七月丁
	阿拉善
	徐大貴 五月壬午,馬如
	濟席哈
	佟國應 趙京仕七月己
	代都八月免。四月辛巳,拜
劉昌工部右侍郎。	郭朝宗五月壬午,工部侍

六部設漢尚書各一。

書。

月己酉，巴哈納戶部尚書。

書。

書。

書。

書。

書。

郎。

丑遷。己丑，張鳳翔吏部左侍郎。

郎。八月遷。十月戊戌，周國佐補。　金之俊七

遷。車克戶部侍郎。

革。九月丁丑，戴明說戶部左侍郎。

戴明說戶部右侍郎。九月遷。梁雲構代。

玠禮部侍郎。　李若琳七月遷。八月乙巳，胡

弼禮部侍郎。尋遷。　高爾儼八月乙巳遷。陳

丑遷。李化熙兵部左侍郎。

郎。　李化熙遷。七月己丑，孫承澤兵部右侍

丑遷。己丑，房可壯刑部左侍郎。

龍刑部侍郎。　房可壯七月己丑遷。熊奮渭

丑遷。劉昌工部左侍郎。

音達工部侍郎。　喇瑪十月差。

郎。十月戊戌，盧登科工部侍郎。　劉昌七月遷。

順治六	
陳名夏	
巴哈納	
謝啓光	
郎球十	
李若琳	
阿哈尼	
劉餘祐	
吳達海	
党崇雅	
星內	
金之俊	
喀達渾	
馬光輝	
周國佐	月遷。八月乙巳，高爾儼吏部右侍郎。
碩詹	
戴明說	
庫禮	
祝世廕	
藍拜	
吳汝玠	世安禮部右侍郎。
陳泰	
陳之遴	之遴禮部右侍郎。
朱瑪剌	
金維城	
明安達	
劉仲金	郎。
卓羅九	
房可壯	
阿拉善	
徐大貴	刑部右侍郎。
濟席哈	
佟國應	
拜音達	
郭朝宗	李迎晙工部右侍郎。

順治	年己丑
郎球	
陳名	
巴哈	
謝啓	
卓羅	月免。九月丙寅，卓羅禮部尚書。
李若	
阿哈	堪
劉餘	
吳達	
党崇	
星內	
金之	
喀達	
周國	五月免。張鳳翔
索洪	
高爾	高爾儼
碩詹	車克
戴明	
庫禮	
祝世	梁雲構卒。八月乙巳，馮杰戶部右侍郎。
藍拜	
祖澤	胡世安
陳泰	
陳之	
朱瑪	佟代
金維	李化熙
明安	禮
劉仲	孫承澤 月丙寅遷。俄羅塞臣刑部侍郎。
房可	
阿拉	
徐大	熊奮渭
濟席	
劉昌	遷。劉昌
拜音	
李迎	李迎晙

七年庚寅十二月乙巳,增設吏部、戶部、刑部滿

四月還。十二月,譚泰、韓岱吏部尚書。

夏

納噶達渾十二月,爲戶部尚書。

光

三月癸酉還。阿哈尼堪禮部尚書。

琳

尼堪三月癸酉還。明安達禮兵部尚書。

祜

海三月乙卯,阿喇善刑部尚書。四月己巳,郎

雅

俊

渾十二月還。

佐張鳳翔

八月戊子,吏部侍郎。

儼

車克

說

廕馮杰

十二月還。

遠五月辛酉,禮部侍郎。胡世安

遴

剌佟代

城李化熙

達禮三月癸酉還。特晉兵部侍郎。

金三月還。孫承澤

壯

善三月還。四月,濟席哈刑部侍郎。十二月還。

貴熊奮渭

哈四月己亥還。星鼐工部侍郎。七月乙卯,阿克

達

晙

順治八	尚書各一。
譚泰八	
陳名夏	
巴哈納	
謝啓光	
阿哈尼	
李若琳	
明安達	
劉餘祐	
韓岱二	球代。十二月，濟席哈、陳泰刑部尚書。
党崇雅	
星內罷。	
金之俊	
索洪遷。	
周國佐	
雅泰四	
李率泰	
碩詹	
祝世廕	
庫禮二	
馬光輝	
佟圖賴	
祖澤遠	
畢立克	
陳之遴	
朱瑪剌	
金維城	
特晉	
孫承澤	
吳喇禪	
李率泰	
宜巴漢	
徐大貴	
阿克善	善工部侍郎。
李顯貴	
拜音泰	
臧國祚	

年辛卯

月壬戌棄市。九月丙戌，卓羅代韓岱。二月庚
七月己丑遷。八月己酉，高爾儼吏部尚書。
四月革。噶達渾三月調。己丑，雅賴戶部尚
閏二月甲寅調。党崇雅戶部尚書。
堪十二月卒。
閏二月乙丑革。陳之遴禮部尚書。
禮
閏二月甲寅調。金之俊兵部尚書。
月庚子，刑部尚書。
閏二月甲寅調。劉餘祐刑部尚書。
三月己丑，譚拜工部尚書。九月丙戌免。藍拜
二月甲寅調。謝啓光工部尚書。閏二月己丑
羅碩八月乙卯，吏部侍郎。九月遷。圖賴吏
十二月丁卯遷。張鳳翔遷。三月乙未，高爾
月，吏部侍郎。七月遷。
閏二月丙寅，吏部侍郎。五月遷。高爾儼三

四月革。九月丙寅復。戴明說閏二月乙丑
月丙寅病免。車克四月遷。丙戌，佟代戶部
五月乙丑，戶部侍郎。十月遷。十二月壬子，馬
閏二月丙寅，禮部侍郎。恩格德四月乙丑，禮
胡世安
圖正月庚申，禮部侍郎。

遷。三月己丑，阿克善兵部侍郎。
李化熙

三月癸未調。八月乙卯，起李元鼎兵部侍郎。
三月壬午革。卓布泰九月丙戌，刑部侍郎。
閏二月丙寅調。馬光輝刑部侍郎。五月己丑
正月庚申，刑部侍郎。五月乙酉遷。碩爾對刑
熊奮渭閏二月甲子降。孟明輔八月乙丑，
三月遷。己丑，綽貝工部侍郎。羅碩三月己
八月乙卯，工部侍郎。劉昌
伊爾格德五月乙酉，工部侍郎。八月革。乙
閏二月丙寅，工部侍郎。七月革。李迎晙

子。調陳泰代。三月己丑遷。朱瑪剌代。

書。九月罷。丙戌，車克戶部尚書。

代。
革。張鳳翔工部尚書。
部侍郎。
儼吏部左侍郎。八月遷。乙卯，熊文舉代。

月遷。孫承澤吏部右侍郎。

降。八月乙卯，王永吉戶部右侍郎。
侍郎。
鳴佩代。　馮杰卒。任濬二月己丑，戶部右侍郎。
部侍郎。

遷。　房可壯十月遷。壬戌，孟明輔刑部左侍郎。
部侍郎。
刑部右侍郎。十月壬戌轉。張鼎延刑部右侍郎。
丑，工部侍郎。八月遷。

卯，科爾昆工部侍郎。

順治九年壬辰	
朱瑪喇、卓羅十	
高爾儼	
噶達渾車克	
党崇雅十月	
陳泰正月辛巳,	
陳之遴二月遷。	
明安達禮	
金之俊	
韓岱四月遷。乙	
劉餘祐十月壬	
藍拜四月遷。乙	
張鳳翔	
圖賴佟代二	
熊文舉八月	
噶爾哈圖五月	
孫承澤四月丁	
碩詹四月革。五	
祝世廕王永	
佟代二月遷。五	
馬鳴佩趙繼	三月遷。八月乙丑,趙繼鼎代。
佟圖賴恩格	
祖澤遠二月遷。	
畢立克圖	
呂崇熙五月壬	
阿克善	
金維城李化	
特晉	
李元鼎十一月	
色冷七月丁亥,	
孟明輔	
碩爾對宜爾	
張鼎延十一月	
綽貝	
李顯貴劉昌	
科爾昆	
楊麟祥二月甲	

一月出征。四月乙卯，韓岱吏部尚書。尋出征。

壬子，劉餘祐戶部尚書。

禮部尚書。三月遷。乙未，郎球代。

三月乙亥，王鐸禮部尚書。己丑卒。癸巳，胡世

卯，藍拜刑部尚書。十月甲寅免。巴哈納代。

子遷。李化熙刑部尚書。

卯，星內工部尚書。

月，吏部侍郎。

壬子，孫承澤吏部左侍郎。

壬午，吏部侍郎。

卯革。五月壬辰，成克鞏吏部右侍郎。戊戌，承

月壬午，額爾德戶部侍郎。

吉

月壬午，孫塔戶部侍郎。

鼎

德

三月庚寅，祝萬春禮部侍郎。胡世安三月

辰，禮部右侍郎。

熙十月遷。十一月乙未，李元鼎兵部左侍郎。

乙未遷。張鼎延兵部右侍郎。

刑部侍郎。

都齊四月乙卯，刑部侍郎。

遷。

辰，工部侍郎。李顯貴正月罷。李迎晙

順治	
朱瑪	
高爾	
噶達	
劉餘	
郎球	
胡世	安補。
明安	
金之	
巴哈	
李化	
星內	
張鳳	
圖賴	
孫承	
佟代	
成克	澤復,成克鞏解。八月,承澤遷。成克鞏補。
額爾	
祝世	
孫塔	
馬鳴	
佟圖	
祝萬	癸巳遷。五月壬辰,張端禮部右侍郎。
畢立	
呂崇	
阿克	
金維	
特晉	
張鼎	
色冷	
孟明	
宜爾	
綽貝	
劉昌	
科爾	
李迎	

十年癸巳二月己未，裁吏、戶、刑部滿、漢尚書各

剌十一月革。

儼二月甲辰予告。陳名夏署吏部尚書。四月己

渾三月遷。車克

祜革。甲寅，陳之遴禮部尚書。

安

達禮

俊正月庚寅遷。二月甲寅，王永吉兵部尚書。

納

熙五月癸未予告。壬辰，張秉貞刑部尚書。

四月戊午致仕。

翔正月乙未致仕。庚寅，劉昌工部尚書。

十月遷。蘇納海十一月丁卯，吏部侍郎。

澤三月庚寅免。四月丙午，成克鞏吏部左侍郎。

鞏四月丙午遷。孟明輔吏部左侍郎。五月，劉正

德畢力克圖戶部侍郎。

蘙王永吉二月甲寅遷。庚申，孫廷銈戶部左

佩閏六月辛亥遷。甲寅，范達禮戶部侍郎。趙

賴恩格德

春張端閏六月丙寅遷。乙亥，呂崇熙禮部左

克圖四月調。

熙閏六月乙亥遷。高珩禮部左侍郎。十二月癸

善二月辛酉免。

城二月辛酉革。三月，李蔭祖兵部侍郎。李元

延四月乙卯致仕。己未，衞周允兵部右侍郎。六

輔四月丙午遷。衞周祚刑部左侍郎。

都齊十一月免。正月己卯，黃熙允刑部右侍

正月庚寅遷。二月乙卯，衞周允工部左侍郎。四

昆

晙三月丁卯病免。庚寅，杜立德工部右侍郎。四

一。

未，成克鞏補。閏六月丙寅遷。乙亥，金之俊補。

己未遷。孟明輔補。

宗補。閏六月丙寅遷。呂宮補。十二月丁卯，高

侍郎。

繼鼎假。王弘祚三月庚寅，戶部右侍郎。

侍郎。

未遷。梁清標補。

鼎二月辛酉革。丙辰，張秉貞兵部右侍郎。六

月遷。壬子，杜立德兵部右侍郎。

郎。四月癸丑病免。己未，龔鼎孳刑部右侍郎。

月己未遷。杜立德工部左侍郎。六月壬子遷。

月遷。五月己巳，李士焜工部右侍郎。六月遷。

	順治十一年
	卓羅　七月乙
十一月乙卯罷。丙辰，劉正宗補。	劉正宗
	車克　七月遷。
	陳之遴
	郎球
	胡世安
	噶達渾
	王永吉　三月
	巴哈納　七月
	張秉貞　八月
	郭科　七月乙
	劉昌
	蘇納海
	孟明輔　遷。四
	佟代　七月遷。
珩補。	高珩　四月乙
	額爾德　畢
	祝世蔭　孫
	海爾圖　三月
	范達禮　二月
	恩格德
	祝萬春　八月
	渥赫　七月禮
	梁清標　九月
	科爾昆
月遷。壬子，衞周允兵部左侍郎。	李蔭祖　二月
	特晉
	杜立德　四月
	色冷
	衞周祚　五月
	阿思哈
	龔鼎孳　二月
	科爾昆　三
李士焜工部左侍郎。	蔣國柱　十月，
	胡沙　十一月
傅景星工部右侍郎。	李顯貴　二月

甲午

巳，署吏部尚書。十一月丁亥，陳泰補。

巴哈納戶部尚書。

乙卯，孟明輔兵部尚書。八月庚午降。

遷。乙巳，伊圖署刑部尚書。

丙子遷。任濬刑部尚書。

巳，署工部尚書。

月乙丑，高珩吏部左侍郎。九月辛亥，衞周祚

九月庚寅，白色純吏部侍郎。

丑遷。杜立德吏部右侍郎。尋降。五月壬子，衞

力克圖

廷銈二月庚午病免。龔鼎孳戶部左侍郎。五

乙卯，戶部侍郎。

乙卯遷。王弘祚五月遷。壬子，郝傑戶部右

病免。呂崇熙十二月丁巳，薛所蘊禮部左

部侍郎。

遷。十月，薛所蘊禮部右侍郎。十二月丁巳遷。

庚寅遷。三月辛亥，陳逢泰兵部侍郎。衞周

乙丑遷。戊寅，張基遠兵部右侍郎。八月降。丙

甲寅遷。丙寅，李際期刑部左侍郎。

壬午遷。庚寅，李際期刑部右侍郎。五月，林德

月，郭科工部侍郎。

工部侍郎。李士焜

丁亥，工部侍郎。

戊子，工部侍郎。傅景星

順治十	
韓岱正	
劉正宗	
巴哈納	
陳之遴	
郎球五	
胡世安	
噶達渾	
張秉貞	張秉貞補。
圖海五	
任濬二	
郭科	
劉昌二	
蘇納海	
衛周祚	補。
白色純	
梁清標	周祚補。九月辛亥轉。梁清標補。
額爾德	
祝世蔭	月遷。壬子，王弘祚補。
海爾圖	
郝傑二	侍郎。
恩格德	
薛所蘊	侍郎。
渥赫	
王國雄	胡兆龍補。
額黑里	
陳逢泰	允八月降。丙子，李呈祥兵部左侍郎。
特晉	
黃徽允	子，黃徽允補。
色冷	
李際期	
阿思哈	
林德馨	馨刑部右侍郎。
科爾昆	
李仕焜	
胡沙遷。	
傅景星	

二年乙未

月辛丑，吏部尚書。

三月乙巳回內院。庚戌，王永吉以大學士管

遷。五月乙巳，郎球戶部尚書。

二月庚辰遷。戴明說戶部尚書。

月丁巳遷。丁未，恩格德禮部尚書。

卒。五月丙午，李際期兵部尚書。十月卒。癸酉，

月乙酉，兼刑部尚書。

月丁巳致仕。戊午，劉昌刑部尚書。

月戊午遷。李際期工部尚書。五月丙午遷。己

五月己酉遷。梁清標吏部左侍郎。七月甲申，

遷。孫廷銓吏部右侍郎。十月丙子，袁懋功吏

畢力克圖

十月遷。柯永蓁十一月甲申，戶部侍郎。王

月甲子免。趙開心戶部右侍郎。三月戊子降。

五月遷。祁徹白六月禮部侍郎。

十一月壬戌，禮部侍郎。胡兆龍正月遷。丁

二月，兵部侍郎。

李呈祥三月乙未遷。庚子，黃徽允兵部左

三月遷。原敏宗兵部右侍郎。五月丁亥遷。孫

二月壬午遷。戴明說刑部左侍郎。三月戊子

卒。正月乙卯，戴明說刑部右侍郎。二月壬午

庚戌，朱鼎延工部左侍郎。

五月乙巳，布丹工部右侍郎。

五月壬寅病免。庚戌，朱鼎延工部右侍郎。十

吏部尚書。

孫廷銓兵部尚書。

酉，衞周祚代。

憂，給假，命依限回部。

部右侍郎。

弘祚

周亮工代。七月甲申免。曹溶補。十月甲寅，杜

未，李奭棠禮部右侍郎。

侍郎。四月庚辰免。五月丁亥，原毓宗兵部左

廷銓兵部右侍郎。六月癸亥，高景補。

遷。乙未，王爾祿刑部左侍郎。十二月乙丑降。

遷。袁懋功刑部右侍郎。十月丙子遷。十一月

月甲寅遷。程正揆工部右侍郎。

順治	
韓岱	
王永	
郎球	
戴明	
恩格	
胡世	
噶達	
孫廷	
圖海	
劉昌	
郭科	
衛周	
蘇納	
梁清	
白色	
盧崇	
額爾	
柯永	
海爾	
蔣國	篤祜戶部右侍郎。十一月壬午，朱之弼補。
祁徹	
薛所	
渥赫	
王國	
額黑	
陳逢	侍郎。
石圖	
高景	
吳喇	
楊義	
阿思	
董應	壬午，楊義刑部右侍郎。
科爾	
朱鼎	
布丹	
蔣國	

十三年丙申	
	四月庚戌革。丁卯，科爾昆吏部尚書。
吉	
	五月乙酉免。六月辛巳，車克以大學士管戶
說	四月庚戌罷。己巳，孫廷銓戶部尚書。
德	
安	
渾	
銓	四月遷。庚午，梁清標兵部尚書。
	卸。孫塔三月工部尚書。
祚	
海	四月庚戌革。五月己卯，禪代吏部侍郎。
標	四月遷。五月辛巳，高珩吏部左侍郎。閏六
純	四月庚戌革。五月己丑，碩博會吏部侍郎。
峻	四月乙亥，吏部侍郎。　袁懋功四月降。己
德	四月庚戌革。五月己丑，葉成格戶部侍郎。
蓁	三月遷。張朝璘四月，戶部侍郎。六月遷。張
圖	四月庚戌革。
杜	六月甲寅，戶部侍郎。十月遷。　朱之弼四
白	
蘊	
雄	十一月辛亥免。　李奭棠
里	
泰	原毓宗
	五月乙未，兵部侍郎。
禪	正月，刑部侍郎。
	正月己丑，刑部左侍郎。
哈	
魁	正月乙丑，刑部侍郎。　楊義正月遷。董國
昆	四月遷。郭科工部左侍郎。
延	十二月甲午遷。己亥，孫肇興工部左侍郎。
杜	六月戊寅遷。七月辛酉，賈漢復工部侍郎。

部尚書。

月戊辰降。六月己丑，梁清遠回。十一月降。十

巳，董國祥吏部右侍郎。閏六月戊辰降。六月
畢力克圖四月庚戌革。鏗特閏六月戶部
仲第代。王弘祚

月庚戌降。梁清遠戶部右侍郎。六月己丑遷。

祥刑部右侍郎。四月己巳遷。五月丁亥，莊應

程正揆免。九月庚戌，孫肇興工部右侍郎。

二月甲午，白允謙補。

己丑，白允謙吏部右侍郎。十二月遷。朱鼎延吏侍郎。

郝維訥代。

會刑部右侍郎。十二月己亥，張爾素刑部右侍

十二月己亥遷。林起龍工部右侍郎。

	順治十四年丁酉
	科爾昆
	王永吉
	車克
	孫廷銓
	恩格德
	胡世安
	噶達渾四月卒。五月癸巳，伊圖兵
	梁清標
	圖海
	劉昌二月己亥假。四月己巳，白允
	孫塔
	衞周祚
	禪代
	白允謙四月遷。六月丙子，朱鼎延
	碩博會
部右侍郎。	盧崇峻正月庚申遷。三月乙卯，楊
	葉成格
	張仲第　謝道正月乙丑，戶部侍
	海爾圖　鏗特
	謝道正月乙丑，戶部侍郎。　郝惟
	祁徹白
	薛所蘊十一月乙卯致仕。十二月
	渥赫
	潘朝選二月丙子，禮部左侍郎。
	額黑里
	原毓宗
	石圖
	高景二月甲申憂免。壬辰，張天植
	吳喇禪
	楊義八月癸未免。己丑，杜立德刑
	阿思哈
郎。	董應魁　張爾素六月丁亥病免。
	郭科
	孫肇興十一月丁未致仕。十二月
	布丹
	賈漢復九月遷。　林起龍十二月

部尚書。

謙刑部尚書。

吏部左侍郎。

茂勳吏部侍郎。　朱鼎延六月丙子遷。朱之

郎。　王弘祚

訥

己卯，李奭棠禮部左侍郎。

李奭棠十二月己卯遷。楊運昌禮部右侍郎。

兵部右侍郎。

部左侍郎。

辛丑，杜立德刑部右侍郎。八月己丑遷。李藻

戊子，林起龍工部左侍郎。

遷。

錫吏部右侍郎。七月庚申遷。八月壬申，王崇

刑部右侍郎。十二月辛卯卒。

	順治十五年戊戌七月丙辰,裁
	科爾昆
	王永吉　四月辛卯降。五月癸卯,
	車克
	孫廷銓　六月遷。七月己酉,王弘
	恩格德　十一月革。渥赫禮部尚
	胡世安　六月遷。甲申,王崇簡禮
	伊圖
	梁清標
	圖海
	白允謙
	孫塔
	衛周祚　五月遷。戊申,劉昌工部
	禪代
	朱鼎延　二月戊寅假。乙酉,王崇
	碩博會
簡吏部右侍郎。	楊茂勳　王崇簡　二月乙酉遷。
	葉成格
	張仲第　王弘祚　七月己酉遷。
	鏗特
	謝道　郝惟訥　二月乙酉遷。三
	祁徹白
	李奭棠
	渥赫
	潘朝選　七月遷。楊運昌
	額黑里
	原毓宗　五月假。六月丁卯,劉達
	石圖
	董應魁　李棠馥　六月丁卯,兵
	吳喇禪
	杜立德
	阿思哈
	董應魁　七月己酉,巡撫河南。
	郭科
	林起龍　遷。
	布丹
	張縉彥　二月丙子,工部右侍郎。

禮部漢軍侍郎。

衛周祚吏部尚書。癸亥遷。六月丁卯，孫廷銓

祚戶部尚書。

書。

部尚書。

尚書。

簡吏部左侍郎。六月遷。七月壬子，郝惟訥代。

郝惟訥吏部右侍郎。七月壬子遷。梁清寬吏

壬子，傅維鱗戶部左侍郎。

月辛亥，傅維鱗戶部右侍郎。七月壬子遷。杜

兵部左侍郎。

部右侍郎。

鍾鼎二月庚寅，刑部右侍郎。

	順治十六年己亥
	科爾昆
吏部尚書。	孫廷銓
	車克
	王弘祚
	渥赫
	王崇簡
	伊圖
	梁清標
	圖海 閏三月壬午革。
	白允謙 九月壬申降。丁丑，杜立德刑
	孫塔
	劉昌
	禪代
	郝惟訥 憂免。三月壬子，梁清寬吏部
	碩博會
部侍郎。	楊茂勳 十二月丙午遷。梁清寬三
	葉成格
	張仲第 三月己亥遷。傅維鱗十二
	鑾特
篤祜代。	謝道 杜篤祜 十二月丁酉遷。袁懋
	祁徹白
	李奭棠
	寧古里 正月，禮部侍郎。
	沙澄 閏三月丁亥，禮部右侍郎。
	額黑里
	劉達
	石圖
	李棠馥
	吳喇禪
	杜立德 九月遷。丙申，鍾鼎刑部左侍
	阿思哈
	鍾鼎 九月丙申遷。高景刑部右侍郎。
	郭科
	楊義 正月乙巳，工部左侍郎。
	布丹
	張縉彥

部尚書。

右侍郎。九月辛未予告。壬午，石申代。

月壬子遷。石申吏部右侍郎。九月壬午遷。馮

月丁酉降。杜篤祜戶部左侍郎。

功戶部右侍郎。

郎。

	順治十七年庚子六月,停補各
	科爾昆 二月丁未降。五月乙卯,
	孫廷銓
	車克
	王弘祚
	渥赫
	王崇簡
	伊圖 五月乙卯遷。甲子,阿思哈
	梁清標
	能圖 正月庚辰,刑部尚書。
	杜立德
	孫塔 二月丁未病免。五月甲子,
	劉昌 二月壬辰致仕。甲寅,霍達
	禪代 四月降。六月庚子,常鼐 吏
	石申
	碩博會 四月降。六月庚子,雅布
溥吏部右侍郎。	馮溥
	葉成格
	杜篤祜
	鏗特
	謝道 四月戊子免。袁懋功 二月
	祁徹白 、
	李奭棠 二月壬寅致仕。三月庚
	寧古里
	沙澄 三月庚辰遷。黃機 禮部右
	額黑里 四月己丑降。石圖 兵部
	劉達
	石圖 四月遷。六月辛丑,額奇 兵
	李棠馥
	吳喇禪 四月辛丑免。六月庚子,
	高景 三月庚辰,刑部左侍郎。八
	阿思哈 五月遷。庚子,尼滿 刑部
	高景 遷。三月庚辰,李敬 刑部右
	楊義 三月辛未遷。五月丁巳,馬
	布丹 二月病免。六月辛丑,霸進
	張縉彥 二月降。三月辛未,張瑃

部漢軍侍郎。

伊圖吏部尚書。

兵部尚書。六月調。己丑，蘇納海代。

蘇納海工部尚書，六月己丑調。癸巳，穆里瑪

工部尚書。七月庚午，楊義代。

部侍郎。丁亥遷。甲寅，科爾昆代。

蘭吏部侍郎。十月丁亥遷。甲寅，科爾昆代。

遷。四月癸卯，嚴正矩戶部右侍郎。

辰，沙澄禮部左侍郎。

侍郎。

左侍郎。

部右侍郎。

宜禮布刑部左侍郎。

月丁亥遷。戊戌，李敬刑部左侍郎。

右侍郎。

侍郎。

葉曾工部左侍郎。

泰工部侍郎。

工部右侍郎。四月丙申遷。壬寅，馬葉曾工部

補。十月己亥，郭科工部尚書。

右侍郎。五月丁巳遷。吳正治工部右侍郎。八月

順治十	
伊圖七	
孫廷銓	
車克閏	
王弘祚	
渥赫	
王崇簡	
蘇納海	
梁清標	
雅布蘭	
杜立德	
郭科卒。	
楊義致	
科爾崑	
石申九	
宜理布	
馮溥	
葉成格	
郝惟訥	
鏗特	
朱之弼	
祁徹白	
沙澄遷。	
寧古里	
黃機	
石圖	
劉達	
額奇二	
李棠馥	
宜理布	
李敬	
尼滿二	
吳正治	
介山遷。	
馬葉會	
霸進泰	
李呈祥	戊戊遷。九月甲子，李呈祥工部右侍郎。

八年辛丑

月辛酉遷。閏七月庚辰，車克吏部尚書。

七月辛亥免。癸酉，衛周祚吏部尚書。

七月庚辰調。阿思哈戶部尚書。

六月甲申予告。七月甲寅，杜立德戶部尚書。

十一月甲午病免。十二月丁未，沙澄禮部尚書。

九月癸未遷。甲午，明安達禮兵部尚書。

七月甲寅遷。癸亥，高景刑部尚書。

四月丙戌，喇哈達工部尚書。

仕。五月辛巳，高景工部尚書。七月遷。閏七月甲

閏七月辛丑，宜理布吏部左侍郎。八月辛亥

月己亥病免。十月丁巳，胡兆龍吏部左侍郎。

正月戊寅，吏部右侍郎。閏七月辛丑遷。折庫納

閏七月癸巳，戶部左侍郎。

四月壬午，戶部右侍郎。

十二月丁巳，王熙禮部左侍郎。

閏七月遷。辛丑，布顏禮部右侍郎。

月免。壬午，介山兵部右侍郎。

正月遷。二月壬午，尼滿刑部左侍郎。

月壬午遷。對哈納刑部右侍郎。

二月壬午，科爾科代工部左侍郎。

五月己巳，傅維鱗工部左侍郎。九月丙戌，李

卒。正月戊寅，雷虎工部右侍郎。

九月丙戌遷。冀如錫工部右侍郎。

午，傅維鱗代。

遷。壬申，折庫納代。

吏部右侍郎。八月壬申遷。吳達禮吏部右侍郎。

呈祥工部左侍郎。

清史稿卷一百七十九

表十九

部院大臣年表一下

順治元年甲申	
理藩院尚書	
理藩院侍郎	
理藩院侍郎	
都察院承、政滿左都御	
都察院承、政漢左都御	
都察院參、政滿左副都	
都察院滿左副都御史	
都察院漢左副都御史	
都察院漢左副都御史	
順治二年乙酉	
理藩院尚書	
理藩院侍郎	
理藩院侍郎	
都察院承、政滿左都御	
都察院承、政漢左都御	
都察院參、政滿左副都	
都察院滿左副都御史	
都察院漢左副都御史	
都察院漢左副都御史	
順治三年丙戌	
理藩院尚書	
理藩院侍郎	
理藩院侍郎	
都察院承、政滿左都御	
都察院承、政漢左都御	
都察院參、政滿左副都	
都察院滿左副都御史	
都察院漢左副都御史	
都察院漢左副都御史	

	博洛 自參政改。
	尼堪 自承政改。
史	滿達海
史	
御史	
	劉漢儒 六月癸亥,左副都御史。

	博洛
	尼堪
史	滿達海
史	
御史	多爾濟達爾漢諾延
	庫爾闡
	劉漢儒

	博洛
	尼堪
	沙濟達喇 八月丁丑,理藩院侍郎。
史	滿達海
史	
御史	多爾濟達爾漢諾延
	庫爾闡
	劉漢儒 六月壬辰免。七月己酉,夏玉左
	徐啓元 十月癸巳,左副都御史。

順治四年丁亥	
博洛　六月丁酉，尼堪理藩院尚	
尼堪　六月丁酉遷。十月，席達禮理	
沙濟達喇	
滿達海　六月戊戌，多爾濟達爾	
多爾濟達爾漢諾延　六月遷。羅璧	
庫爾闡	
夏玉	
徐啓元	

順治五年戊子	
尼堪	
席達禮	
沙濟達喇	
滿達禮	
徐啓元　七月丁丑，左都御史。	
羅璧	
庫爾闡　三月罷。巴朗	
夏玉　八月乙卯遷。九月癸亥，蔡士	
徐啓元　七月丁丑遷。己丑，孫昌齡	

順治六年己丑	
尼堪	
席達禮	
沙濟達喇	
多爾濟達爾罕	
徐啓元	
羅璧	
哈剌庫　五月癸亥，都察院參政。九	
蔡士英	副都御史。
孫昌齡　八月卒。乙巳，趙繼鼎左副	

順治七	
尼堪	書。
席達禮	藩院侍郎。
多爾濟	漢諾延都察院承政。
徐啓元	
羅璧	八月都察院參政。
巴朗三	
蔡士英	
趙繼鼎	
順治八	
尼堪	
席達禮	
沙濟達	
卓羅閏	
徐啓元	
羅璧閏	
巴朗閏	
蔡士英	英左副都御史。
趙繼鼎	左副都御史。惠世揚
順治九	
尼堪	
席達禮	
沙濟達	
阿拉善	
趙開心	
納都戶	
宜巴漢	月遷。七月甲戌,董阿賴都察院參政。
蔡士英	
房可壯	都御史。佟國應

年庚寅

達爾罕免。三月癸酉，卓羅都察院承政。

月，都察院參政。

佟國應

年辛卯

喇

二月乙丑革。三月己丑，噶達渾左都御史。五

閏二月致仕。戊辰，洪承疇管左都御史。八月

二月革。三月，車克補。八月遷。納都戶九月丙

二月革。宜巴漢五月乙酉補。

遷。十月丙午，房可壯左副都御史。

年壬辰

喇

四月丙午，都察院承政。

二月庚申革。三月乙亥，房可壯左都御史。

四月丙午遷。范達禮五月，副都御史。

三月遷。癸巳，傅景星左副都御史。

月乙酉遷。覺善補。九月革。丙戌,俄羅碩臣補。

乙卯,趙開心左都御史。

戊補。

順治十年癸巳

尼堪 四月戊午致仕。

席達禮

沙濟達喇

圖賴 十月都察院承政。

房可壯 致仕。正月庚寅，金之俊左都御史。閏

納都戶

宜巴漢

范達禮 七月遷。張朝璘副都御史。

傅景星 六月壬子遷。閏六月丙寅，林德馨左

順治十一年甲午

沙濟達喇 十一月丁卯，理藩院尚書。

尼堪 十二月庚申，理藩院侍郎。

圖賴 七月乙巳，阿克善署左都御史。尋解。

趙開心 三月降。乙巳，王永吉左都御史。四月

納都戶

張朝璘

林德馨 六月遷。己卯，周亮工左副都御史。

順治十二年乙未

沙濟達喇

席達禮

尼堪 卒。三月庚子，沙世悌爾理藩院侍郎。

圖賴

龔鼎孳 十一月戊子降。十二月癸丑，成克鞏

納都戶 圖能左副都御史。

宜巴漢 五月己亥，格星克副都御史。

張朝璘 四月遷。

周亮工 三月乙未遷。庚子，曹溶左副都御史。

六月戊子遷。趙開心復爲左都御史。

副都御史。　佟國應

丁亥遷。五月丙午，龔鼎孳左都御史。

佟國應

左都御史。

七月壬辰遷。己亥，孫建宗左副都御史。九月外

順治十三	
明安達禮	
席達禮	
沙世悌爾	
圖賴	
成克鞏	
納都戶	
宜巴漢 十	
魏裔介	
順治十四	
明安達禮	
席達禮	
沙世悌爾	
圖賴	
成克鞏	
納都戶	
能圖 正	
魏裔介 正	
順治十五	
明安達禮	
席達禮	
沙世悌爾	
圖賴 九	
魏裔介	
納都戶	
科爾坤	
王永吉	
傅維鱗 三	用。十月甲寅,魏裔介左副都御史。

年丙申

五月己亥，理藩院尚書。

一月辛亥致仕。

克星格

年丁酉

正月癸丑，魏裔介左都御史。

月戊戌，科爾坤副都御史。

月癸丑遷。傅維鱗左副都御史。

年戊戌

月己酉，能圖左都御史。

月辛亥遷。五月癸卯，錢朝鼎左副都御史。

順治十六年己亥
明安達禮
席達禮
沙世悌爾
能圖
魏裔介
納都戶
科爾坤
王永吉二月卒。袁懋功左副都御史。

順治十七年庚子
明安達禮
席達禮
沙世悌爾四月降。六月庚子，塔哈達理藩院
能圖正月庚辰遷。六月甲申，阿思哈署左都
魏裔介六月解。七月甲寅，霍達左副都御史。
納都戶六月卒。壬子，對哈納副都御史。
科爾坤十一月遷。十二月，禪代副都御史。
陳協正月辛亥，左副都御史。三月辛未遷。四

順治十八年辛丑
明安達禮九月甲午遷。庚子，博羅色冷理藩
席達禮四月癸巳，綽克託理藩院左侍郎。
塔哈達
阿思哈閏七月庚辰遷。癸巳，寧古里左都御
霍達三月庚申假。尋卒。四月己未，魏裔介復
對哈納
禪代
苗登九月己卯，左副都御史。尋遷。十月，劉光
朱之弼五月遷。丙午，楊時薦左副都御史。

侍郎。

御史。

月甲午，朱之弼左副都御史。

院尚書。

史。

爲左都御史。

麒左副都御史。十二月癸酉遷。

清史稿卷一百八十

表二十

部院大臣年表二上

康熙元年壬寅	
吏部滿尚書	車克七
吏部漢尚書	孫廷銓
戶部滿尚書	阿思哈
戶部漢尚書	王弘祚
禮部滿尚書	烏赫正
禮部漢尚書	沙澄
兵部滿尚書	明安達
兵部漢尚書	梁清標
刑部滿尚書	覺羅雅
刑部漢尚書	高景
工部滿尚書	喇哈達
工部漢尚書	傅維鱗
吏部滿左侍郎	折庫訥
吏部漢左侍郎	胡兆龍
吏部滿右侍郎	吳達禮
吏部漢右侍郎	馮溥九
戶部滿左侍郎	葉成格
戶部漢左侍郎	郝惟訥
戶部滿右侍郎	鏗泰
戶部漢右侍郎	朱之弼
禮部滿左侍郎	祁徹白
禮部漢左侍郎	王熙
禮部滿右侍郎	布顏二
禮部漢右侍郎	黃機
兵部滿左侍郎	石圖
兵部漢左侍郎	劉達
兵部滿右侍郎	介山
兵部漢右侍郎	李棠馥
刑部滿左侍郎	尼滿
刑部漢左侍郎	李敬
刑部滿右侍郎	對喀納
刑部漢右侍郎	吳正治
工部滿左侍郎	科爾科
工部漢左侍郎	李呈祥
工部滿右侍郎	雷虎
工部漢右侍郎	冀如錫

月壬申遷。辛卯，阿思哈吏部尚書。

七月辛卯遷。戊戌，寧古禮戶部尚書。

月丁丑免。二月庚戌，祁徹白禮部尚書。

禮

布蘭八月丙辰遷。覺羅科爾昆刑部尚書。

八月辛酉病免。九月甲戌，馮溥吏部左侍郎。

月甲戌遷。梁清寬吏部右侍郎。

二月庚戌遷。乙卯，布顏禮部左侍郎。

月乙卯遷。查布海禮部右侍郎。

三月庚子病免。四月辛亥，熊文舉兵部右侍郎。

四月丁巳，吳正治刑部左侍郎。

四月遷。張爾素刑部右侍郎。

代

康熙二年癸卯

阿思哈

孫廷銓　五月丙子遷。戊子，魏裔介吏部尚書。

寧古禮　三月卒。甲戌，蘇納海管戶部尚書。

王弘祚

祁徹白

沙澄

明安達禮

梁清標

覺羅科爾昆　六月壬子，尼滿刑部尚書。

高景

喇哈納

傅維鱗

折庫訥

馮溥　乞假。八月甲寅，梁清寬吏部左侍郎。

吳達禮

梁清寬　八月甲寅遷。郝惟訥代。

葉成格

郝惟訥　八月甲寅遷。九月乙亥，朱之弼戶部左

鏗泰　五月甲申，巴格戶部右侍郎。

朱之弼　九月乙亥遷。艾元徵戶部右侍郎。

布顏

王熙

查布海

黃機

石圖

劉達

介山　二月革。圖爾特六月戊申，兵部右侍郎。

熊文舉　九月甲午病免。十月壬子，曹國柄兵部

尼滿　六月遷。對喀納刑部左侍郎。

吳正治

對喀納　六月遷。丁巳，覺羅勒德洪刑部右侍郎。

張爾素

科爾科代

李呈祥

雷虎

冀如錫

	康熙三年甲辰
	阿思哈
	魏裔介 十一月丁未遷。杜立德吏部
	蘇納海
	王弘祚 閏六月乙酉遷。十一月丁未，
	祁徹白
	沙澄
	明安達禮
	梁清標
	尼滿
	高景 閏六月乙亥免。乙酉，王弘祚刑
	喇哈納 遷。十二月癸亥，葉成額工部
	傅維鱗
	折庫訥 降。七月戊申，吳達禮吏部左
	梁清寬
	吳達禮 遷。七月戊申，羅敏吏部右侍
	郝惟訥
	葉成格 遷。十二月乙亥，雷虎戶部左
侍郎。	朱之弼
	巴格
	艾元徵
	布顏
	王熙
	查布海
	黃機
	石圖
	劉達
	圖爾特
右侍郎。	曹國柄
	對喀納
	吳正治
	覺羅勒德洪
	張爾素
	科爾科代
	李呈祥
	雷虎 十二月乙亥遷。杭艾工部右侍
	冀如錫

尚書。

王弘祚仍戶部尚書。

部尚書。十一月丁未遷。癸丑，龔鼎孳刑部尚書。

尚書。

侍郎。

郎。

侍郎。

郎。

康熙四年乙巳
阿思哈
杜立德
蘇納海
王弘祚
祁徹白
沙澄
明安達禮
梁清標
尼滿
龔鼎孳
葉成額
傅維鱗
吳達禮
梁清寬
羅敏
郝惟訥 正月乙卯，遷。朱之弼代。
雷虎
朱之弼 正月乙卯，遷。壬戌，艾元徵戶部左侍郎。
巴格
艾元徵 二月壬戌，遷。嚴正矩代。
布顏
王熙
查布海
黃機
石圖
劉達
圖爾特
曹國柄
對喀納
吳正治
覺羅勒德洪
張爾素 八月壬午，石申刑部右侍郎。
科爾科代
李呈祥 正月己酉，冀如錫工部左侍郎。十二
杭艾
冀如錫 正月，遷。杜篤祜工部右侍郎。十一月，遷。

康熙五年	
阿思哈	
杜立德	
蘇納海十	
王弘祚	
祁徹白	
沙澄八月	
明安達禮	
梁清標九	
尼滿七月	
龔鼎孳九	
葉成額	
傅維鱗六	
吳達禮四	
梁清寬	
羅敏遷。四	
朱之弼遷。	
雷虎	
艾元徵	
巴格	
嚴正矩	
布顏	
王熙十一	
査布海	
黃機十一	
石圖	
圖爾特	
曹國柄	
對喀納七	
吳正治七	
覺羅勒德	
石申九	
科爾科代	
杜篤祜	月憂免。乙亥，杜篤祜工部左侍郎。
杭艾	
楊運昌	楊運昌工部右侍郎。

丙午

二月庚申革。甲子，馬希納戶部尚書。

甲戌憂。九月丁亥，梁清標禮部尚書。

月丁亥遷。丙申，龔鼎孳兵部尚書。

丁未遷。對喀納刑部尚書。

月丙申遷。甲辰，郝惟訥刑部尚書。

月甲子病免。郝惟訥工部尚書。九月甲辰遷。十

月庚申病免。羅敏代。

月戊辰，常額吏部右侍郎。

七月戊戌，馮溥吏部右侍郎。

月丁丑遷。辛卯，黃機禮部左侍郎。

月辛卯遷。董安國禮部右侍郎。

月丁未遷。八月丁巳，覺羅勒德洪刑部左侍郎。

月假免。九月丁卯，石申刑部左侍郎。

洪遷。八月丁巳，麻勒吉刑部右侍郎。

月己卯，蔡毓榮刑部右侍郎。

康熙六年丁未	
阿思哈正月丁酉	
杜立德	
馬希納十二月	
王弘祚	
祁徹白三月辛巳	
梁清標三月辛巳	
明安達禮正月丁	
龔鼎孳	
對喀納	
郝惟訥	
葉成額	
朱之弼	月壬子，朱之弼工部尚書。
羅敏三月乙酉遷。	
梁清寬	
常額三月乙酉遷。	
馮溥	
雷虎	
艾元徵	
巴格三月辛巳降。	
嚴正矩	
布顏	
黃機三月丁亥遷。	
查布海致仕。正月	
董安國三月丙申	
石圖三月辛巳降。	
劉達休致。曹國柄	
圖爾特三月降。乙	
曹國柄遷。閏四月	
覺羅勒德洪三月	
石申三月辛巳革。	
麻勒吉三月乙	
蔡毓榮遷。三月乙	
科爾科代	
杜篤祜	
杭艾三月辛巳降。	
楊運昌	

遷。明安達禮吏部尚書。三月辛巳免。乙酉，阿

戊子，增滿戶部尚書，馬邇賽調補。

免。乙酉，覺羅外庫禮部尚書。

免。丁亥，黃機禮部尚書。

酉遷。二月丁巳免。戊辰，阿思哈兵部尚書。三

常額吏部左侍郎。

泰壁圖吏部右侍郎。

薩爾圖戶部右侍郎。

丙申，董安國禮部左侍郎。

辛卯，常鼐禮部右侍郎。

遷。曹申吉禮部右侍郎。

羅敏兵部左侍郎。

閏四月己卯，兵部左侍郎。

酉，邁音達兵部右侍郎。

己卯，劉鴻儒兵部右侍郎。

辛巳免。乙酉，麻勒吉刑部左侍郎。

乙酉，蔡毓榮刑部左侍郎。

酉，阿哈碩塞刑部右侍郎。

酉，王清刑部右侍郎。

乙酉，工部右侍郎。

	康熙七年戊申
思哈吏部尚書。	阿思哈
	杜立德
	馬希納
	王弘祚八月壬申
	覺羅外庫六月
	黃機八月辛巳遷。
月乙酉遷。噶褚哈兵部尚書。	噶褚哈
	龔鼎孳
	對喀納九月癸卯
	郝惟訥八月戊子
	額赫里正月丁未,
	朱之弼九月甲辰
	常額泰璧圖吏
	梁清寬十二月休
	泰璧圖六月癸
	馮溥九月遷。杜篤
	雷虎
	艾元徵
	薩爾圖
	嚴正矩
	布顏六月丁未遷。
	董安國
	常鼐六月乙未遷。
	曹申吉
	羅敏邁音達九
	曹國柄十二月癸
	邁音達遷。九月甲
	劉鴻儒
	麻勒吉十二月癸
	蔡毓榮
	阿哈碩塞遷。十二
	王清
	科爾科代
	杜篤祜九月己未
	羅多
	楊運昌遷。十月乙

免。辛巳，黃機戶部尚書。

癸未，布顏禮部尚書。

戊子，郝惟訥禮部尚書。

遷。戊申，明珠刑部尚書。

遷。九月丁酉，朱之弼刑部尚書。

工部尚書。六月丁亥，濟世工部滿尚書。五月

遷。王熙工部尚書。

部左侍郎。

致。杜篤祜吏部左侍郎。

未，索額圖吏部右侍郎。

祜吏部右侍郎。十二月遷。蔡毓榮吏部左侍

乙未，常鼐禮部左侍郎。

米思翰禮部右侍郎。

月甲辰，兵部左侍郎。

未休致。

辰，塞色赫兵部右侍郎。

酉遷。辛巳，阿哈碩塞刑部左侍郎。

月癸酉，納布刑部右侍郎。

遷。楊運昌工部左侍郎。

酉，吳正治工部右侍郎。

康熙八年己酉六月	
阿思哈五月庚申革。	
杜立德四月癸酉遷。	
馬希納六月壬戌遷。	
黃機四月己卯遷。郝	
布顏九月甲午開缺。	
郝惟訥四月己卯遷。	
噶褚哈五月庚申革。	
龔鼎孳五月乙未遷。	
明珠遷。七月乙未，對	
朱之弼	
濟世五月庚申革。六	丙寅，思額得工部尚書。
王熙	
泰璧圖五月革。六月	
杜篤祜	
索額圖六月罷。戊辰，	
蔡毓榮	郎，管右侍郎事。
雷虎	
艾元徵	
薩爾圖九月甲午降。	
嚴正矩	
常鼐	
董安國	
米思翰六月壬申遷。	
曹申吉	
邁音達革。塞色赫六	
劉鴻儒正月辛酉，兵	
塞色赫六月辛未遷。	
劉鴻儒遷。李棠馥正	
阿哈碩塞	
蔡毓榮	
納布九月降。吳達禮	
王清正月癸亥遷。張	
科爾科代六月遷。辛	
楊運昌	
羅多六月辛未遷。覺	
吳正治二月憂免。三	

庚辰,裁戶部添設尚書。

六月壬戌,馬希納吏部尚書。
己卯,黃機吏部尚書。
壬申,米思翰戶部尚書。
惟訥戶部尚書。
甲寅,恩額德禮部尚書。
五月乙未,龔鼎孳禮部尚書。
六月癸亥,科爾科代兵部尚書。
壬寅,王弘祚兵部尚書。
喀納兼刑部尚書。

月丙寅,恩額德工部尚書。九月甲寅遷。十月

戊辰,岳恩泰吏部左侍郎。

帥顏保吏部右侍郎。七月丙申遷。辛亥,覺羅

十一月戊戌,納布戶部右侍郎。

甲申,顧巴西禮部右侍郎。

月辛未,兵部左侍郎。
部左侍郎。
羅敏爲兵部右侍郎。
月辛酉,兵部右侍郎。九月甲午休致。甲辰,冀

刑部右侍郎。十月遷。十一月己亥,多納刑部
爾素刑部右侍郎。
未,羅多工部左侍郎。十二月,覺羅查哈喇工

羅查哈喇工部右侍郎。十二月庚辰遷。禪布
月甲午,高辛印工部右侍郎。

康熙九年庚戌	
馬希納　十月壬午病	
黃機	
米思翰	
郝惟訥	
恩額德	
龔鼎孳	
科爾科代	
王弘祚　閏二月己亥	
對喀納　遷。十二月癸	
朱之弼　閏二月甲寅	
吳達禮	壬申，吳達禮工部尚書。
王熙	
岳思泰	
杜篤祜　三月癸酉遷。	
覺羅勒德洪	勒德洪吏部右侍郎。
蔡毓榮　三月甲申遷。	
雷虎	
艾元徵　三月甲申遷。	
納布	
嚴正矩　三月丙戌遷。	
常鼐	
董安國	
顧巴西	
曹申吉　十一月辛巳	
塞色赫	
劉鴻儒	
羅敏	
冀如錫	如錫代。
阿哈碩塞	
蔡毓榮　五月丙寅，	
多納	右侍郎。
張爾素　五月遷。丙寅，	
覺羅查哈喇	部左侍郎。
楊運昌	
禪布	代。
高辛印	

免。十二月乙酉，對喀納吏部尚書。

乞免。甲寅，朱之弼兵部尚書。

巳，莫洛刑部尚書。

遷。三月辛酉，馮溥刑部尚書。

甲申，蔡毓榮吏部左侍郎。四月甲辰遷。艾元

艾元徵吏部右侍郎。四月甲辰遷。王清吏部

丙戌，嚴正矩戶部左侍郎。

田逢吉戶部右侍郎。

遷。十二月己丑，田種玉禮部右侍郎。

張爾素刑部左侍郎。

馬紹曾刑部右侍郎。

徵吏部左侍郎。十一月癸酉遷。辛巳，王清吏部

右侍郎。十一月辛巳遷。曹申吉代。

康熙十年辛亥

左侍郎。

對喀納
黃機
米思翰
郝惟訥
恩額德 二月辛未乞休。戊寅，祁徹白
龔鼎孳
科爾科代 五月甲寅乞免。十一月壬
朱之弼
莫洛
馮溥 二月丁酉遷。戊戌，梁清標刑部
吳達禮
王熙
岳思泰 五月己未乞休。辛未，覺羅勒
王清
覺羅勒德洪 五月辛未遷。覺羅舒恕
曹申吉 二月庚辰遷。甲辰，陳敳永吏
雷虎
嚴正矩 四月己亥休致。田逢吉戶部
納布
田逢吉 四月己酉遷。劉鴻儒以戶部
常鼐
董安國
顧巴西
田種玉
塞色赫
劉鴻儒 四月己酉遷。五月壬戌，冀如
羅敏 四月乞休。五月，班迪兵部右侍
冀如錫 五月壬戌遷。楊永寧兵部右
阿哈碩塞
張爾素 二月壬辰休致。丙午，馬紹曾
多納 五月戊寅遷。六月癸未，折爾肯
馬紹曾 二月遷。丙午，高珩刑部右侍
覺羅查哈喇
楊運昌
禪布
高辛印 八月丁酉乞休。十一月丁巳，

尚部禮|齊|哈|爾|哈申,壬月一十告。予書尚部禮

書。尚部兵|珠|明申,

書。尚

郎。侍左部吏|洪|德

郎。侍右部吏

郎。侍右部

、郎。侍左

事。郎侍右管郎侍左

郎。侍左部兵|錫

郎。

郎。侍

郎。侍左部刑|珩|高巳,丁月一十郎。侍左部刑

郎。侍右部刑

郎。侍右部刑|然|文|姚巳,丁遷。月一十郎。

郎。侍右部工|器|弘|佟

	康熙十一年壬子
	對喀納
	黃機 二月丁丑假。丙戌，郝惟訥吏部尚書。
	米思翰
	郝惟訥 二月丙戌遷。丁酉，梁清標戶部尚
書。	哈爾哈齊
	龔鼎孳
	明珠
	朱之弼
	莫洛
	梁清標 二月丁酉遷。三月己酉，艾元徵刑
	吳達禮
	王熙
	覺羅勒德洪
	王清 十月卒。壬子，陳敳永吏部左侍郎。
	覺羅舒恕
	陳敳永 十月壬子遷。李之芳吏部右侍郎。
	雷虎 十月乞休。十一月己卯，班迪戶部左
	田逢吉 十一月己丑遷。馬紹曾戶部左侍
	納布 十一月遷。己丑，達都戶部右侍郎。
	劉鴻儒 十一月己酉遷。馬紹曾戶部右侍
	常鼐
	董安國
	顧巴西
	田種玉 十月癸丑降。辛酉，張士甄禮部右
	塞色赫
	冀如錫
	班迪 十一月遷。納布兵部右侍郎。
	楊永寧
	阿哈碩塞
	高珩 正月庚午假。二月辛巳，姚文然刑部
	折爾肯
	姚文然 二月辛巳遷。黃道行刑部右侍郎。
	覺羅查哈喇 八月丁卯革。九月丙子，哈占
	楊運昌 正月庚午假。辛巳，王天眷工
	禪布 八月丁卯革。九月丙子，圖爾泰工部
	佟弘器 二月卒。辛巳，梁鋐工部右侍郎。

	康熙十二年癸丑
	對喀納
	郝惟訥
	米思翰
書。	梁清標
	哈爾哈齊
	龔鼎孳九月戊辰乞休。乙亥,吳
	明珠
	朱之弼給假。五月辛卯,王熙兵
	莫洛
部尚書。	艾元徵
	吳達禮
	王熙五月辛卯遷。吳正治工部
	覺羅勒德洪
	陳敳永
	覺羅舒恕
	李之芳六月癸卯遷。壬子,陳一
侍郎。	班迪
郎。	劉鴻儒九月庚寅遷。十月丁酉,
	達都
郎。	馬紹曾六月癸丑病免。七月戊
	常鼐
	董安國十月丁酉遷。乙巳,張士
	顧巴西卒。二月癸亥,折爾肯禮
侍郎。	張士甄十月乙巳遷。史大成禮
	塞色赫
	冀如錫六月遷。丁巳,楊永寧兵
	納布
	楊永寧六月遷。丁巳,孫光祀兵
	阿哈碩塞四月卒。癸丑,覺羅阿
左侍郎。	姚文然二月遷。甲子,黃道行刑
	折爾肯二月壬子遷。覺羅阿範
	黃道行二月遷。甲子,任克溥刑
工部左侍郎。	哈占九月遷。甲午,圖爾泰工部
部左侍郎。	王天眷三月甲申降。五月庚午,
右侍郎。	圖爾泰九月遷。甲午,廖旦工部
	梁鋐五月遷。庚午,郭廷祚工部

正治禮部尚書。

部尚書。

尚書。九月乙亥遷。辛巳，冀如錫工部尚書。

炳吏部右侍郎。

宋德宜戶部左侍郎。

辰，宋德宜戶部右侍郎。十月丁酉遷。董安國

甄禮部左侍郎。

部右侍郎。

部右侍郎。

部左侍郎。

部右侍郎。

範刑部左侍郎。

部左侍郎。三月甲申降。四月癸亥，任克溥刑

刑部右侍郎。四月遷。癸丑，鄂爾多刑部右侍

部右侍郎。四月癸亥遷。陳一炳刑部右侍郎。

左侍郎。

梁鋐工部左侍郎。七月甲戌，郭廷祚代。

右侍郎。

右侍郎。七月遷。徐繼煒工部右侍郎。

康熙十三年	
對喀納	
郝惟訥	
米思翰	
梁清標	
哈爾哈齊	
吳正治	
明珠	
王熙	
莫洛	
艾元徵	
吳達禮	
冀如錫	
覺羅勒德洪	
陳敳永	
覺羅舒恕	
陳一炳十月	
班迪	
宋德宜十月	
達都遷。十一	
陳洪明四月	戶部右侍郎。
常鼐	
張士甄五	
折爾肯	
史大成五月	
塞色赫	
楊永寧	
納布	
孫光祀	
覺羅阿範	
任克溥	部右侍郎。
鄂爾多	郎。
余嗣登	六月壬子遷。余嗣登刑部右侍郎。
圖爾泰七	
郭廷祚	
廖旦七月遷。	
徐繼煒	

甲寅

癸巳遷。庚子，宋德宜以吏部左侍郎管右侍郎

庚子遷。十一月甲子，魏象樞戶部左侍郎。

月丙戌，介山戶部右侍郎。

辛丑，戶部右侍郎。六月乙卯遷。七月甲子，魏象

月庚寅，史大成禮部左侍郎。

庚寅遷。楊正中禮部右侍郎。

，月廖旦工部左侍郎。

祁通額工部右侍郎。

事。

樞戶部右侍郎。十一月甲子遷。于可託戶部右

	康熙十四年乙卯	
	對喀納	九月卒。十月乙卯，明珠吏部尚
	郝惟訥	
	米思翰	二月辛丑卒。四月己丑，覺羅勒
	梁清標	
	哈爾哈齊	
	吳正治	
	明珠	十月乙卯遷。塞色黑兵部尚書。
	王熙	
	莫洛	遷。四月己丑，塞色黑刑部尚書。十
	艾元徵	
	吳達禮	十月壬午遷。常鼐工部尚書。
	冀如錫	
	覺羅勒德洪	四月己丑遷。甲午，覺羅舒
	陳敳永	
	覺羅舒恕	四月甲午遷。折爾肯吏部右
	宋德宜	
	班迪	
	魏象樞	
	介山	十二月壬申遷。丁丑，伊桑阿戶部
侍郎。	于可託	
	常鼐	十月壬午遷。十一月癸巳，額星格
	史大成	
	折爾肯	四月甲午遷。辛丑，岳諾惠禮部
	楊正中	
	塞色赫	四月遷。甲午，納布兵部左侍郎。
	楊永寧	
	納布	四月遷。甲午，郭四海兵部右侍郎。
	孫光祀	
	覺羅阿範	閏五月乙未乞休。戊申，鄂爾
	任克溥	
	鄂爾多	閏五月遷。戊申，郭丕刑部右侍
	余嗣登	
	廖旦	
	郭廷祚	
	祁通額	
	徐繼煒	

書。

德洪戶部尚書。

月壬戌遷。十一月丁丑,吳達禮刑部尚書。

恕吏部左侍郎。

侍郎。

右侍郎。

禮部左侍郎。

右侍郎。閏五月丙申卒。額星格禮部右侍郎。十

十二月庚申革。戊辰,郭四海兵部左侍郎。壬申

十二月遷。戊辰,吳努春兵部右侍郎。丁丑遷。郭

多刑部左侍郎。

郎。十二月遷。

康熙十五	
明珠	
郝惟訥	
覺羅勒德	
梁清標	
哈爾哈齊	
吳正治	
塞色黑	
王熙	
吳達禮	
艾元徵卒。	
常鼐	
冀如錫	
覺羅舒恕	
陳敳永八	
折爾肯	
宋德宜八	
班迪	
魏象樞	
伊桑阿	
于可託	
額星格	
史大成八	
馬喇正月	一月癸巳遷。伊桑阿禮部右侍郎。
楊正中八	
吳努春	遷。丁丑，吳努春代。
楊永寧	
郭丕	丕代。
孫光祀	
鄂爾多	
任克溥	
禪塔海正	
余嗣登	
廖旦	
郭廷祚	
祁通額	
徐繼煒	

康熙十	年丙辰
明珠七	
郝惟訥	
覺羅勒	洪
梁清標	
哈爾哈	
吳正治	
塞色黑	
王熙	
吳達禮	
姚文然	七月丁未,姚文然刑部尚書。
常鼐四	
冀如錫	
覺羅舒	
宋德宜	月丙辰遷。丙子,宋德宜吏部左侍郎。
折爾肯	
陳一炳	月丙子遷。陳一炳吏部右侍郎。
班迪	
魏象樞	
伊桑阿	
于可託	
額星格	
楊正中	月丙辰乞休。己巳,楊正中禮部左侍郎。
馬喇十	丁酉,禮部右侍郎。
杜臻四	月己巳遷。杜臻禮部右侍郎。
吳努春	
楊永寧	
郭丕十	
孫光祀	
鄂爾多	
任克溥	
禪塔海	月丁酉,刑部右侍郎。
董安國	七月丙戌,董安國刑部右侍郎。
廖旦十	
郭廷祚	
祁通額	
徐繼煒	

六年丁巳

月甲辰遷。八月戊午，吳達禮吏部尚書。

德洪七月甲辰遷。八月辛未，伊桑阿戶部尚書。

齊三月壬寅革。癸卯，吳達禮禮部尚書。八月遷。

八月辛未遷。十月庚午，喀代兵部尚書。

三月遷。四月己酉，介山刑部尚書。

月丙寅，伊桑阿工部尚書。八月辛未遷。十月
四月己酉降。己未，陳敳永工部尚書。

恕
四月乙亥，陳一炳吏部左侍郎。

四月乙亥遷。杜臻吏部右侍郎。七月丁亥，張士
四月癸丑，伊桑阿戶部左侍郎。四月丙寅遷。六

四月癸丑遷。察庫戶部右侍郎。六月庚申遷。薩

月遷。十一月丙子，吳努春禮部右侍郎。
月乙亥遷。五月戊子，張士甄禮部右侍郎。七月
十一月丙子遷。己卯，郭丕兵部左侍郎。

一月己卯遷。党務禮兵部右侍郎。

十二月丙寅病免。馮甦刑部右侍郎。
月免。辛未，祁通額工部左侍郎。

十月辛未遷。溫代工部右侍郎。
四月丙寅，田六善工部右侍郎。

康熙十七	
吳達禮	
郝惟訥	
伊桑阿	
梁清標	
塞色黑	辛未，塞色黑代。
吳正治	
喀代十	
王熙十二	
介山	
姚文然七	
馬喇	庚午，馬喇工部尚書。
陳敳永	
覺羅舒恕	
陳一炳	
折爾肯	
張士甄七	甄吏部右侍郎。
察庫	月庚申，察庫戶部左侍郎。
魏象樞七	
薩穆哈	穆哈戶部右侍郎。
于可託七	
額星格	
楊正中	
吳努春	
富鴻基	丁亥遷。辛丑，富鴻基禮部右侍郎。
郭丕	
楊永寧	
党務禮	
孫光祀	
鄂爾多	
任克溥	
禪塔海	
馮甦	
祁通額	
郭廷祚	
溫代	
田六善八	

年戊午

二月乙亥,郭四海兵部尚書。

月甲戌憂。丙子,宋德宜兵部尚書。

月戊申卒。宋德宜刑部尚書。十二月丙子遷。壬

三月辛卯,朱之弼工部尚書。

七月丁巳,張士甄吏部左侍郎。

月丁巳遷。劉楗吏部右侍郎。十二月壬午遷。辛

月遷。八月甲戌,于可託戶部左侍郎。

月甲戌遷。田六善戶部右侍郎。

月甲戌遷。董安國工部右侍郎。十二月遷。

康熙十八年己未	
吳達禮	
郝惟訥	
伊桑阿	
梁清標	
塞色黑	
吳正治	
郭四海	
宋德宜	
介山	
劉楗 四月戊辰乞休。	午，劉楗刑部尚書。
馬喇	
朱之弼	
覺羅舒恕 四月辛巳	
張士甄	
折爾肯 四月戊子遷。	
董安國 八月革。辛卯，	卯，董安國吏部右侍郎。
察庫 八月癸未，薩	
于可託 五月己亥，	
薩穆哈 八月癸未遷。	
田六善 五月己亥，	
額星格	
楊正中	
吳努春	
富鴻基	
郭丕	
楊永寧 八月辛未遷。	
党務禮	
孫光祀 降。癸未，項景	
鄂爾多 四月庚辰，	
任克溥 三月京察降。	
禪塔海 四月遷。庚辰，	
馮甦 五月遷。焦毓瑞	
祁通額	
郭廷祚 八月癸酉，	
溫代	
朱裴 正月乙卯，工部	

丁亥，魏象樞刑部尚書。乙未，留左都任。六月

遷。戊子，折爾肯吏部左侍郎。

屯泰吏部右侍郎。
楊永寧以吏部左侍郎管右侍郎事。
穆哈戶部左侍郎。
田六善戶部左侍郎。
達都戶部右侍郎。
朱裴戶部右侍郎。

十月癸未，焦毓瑞兵部左侍郎。

襄兵部右侍郎。
禪塔海刑部左侍郎。
五月，馮甦刑部左侍郎。
宜昌阿刑部右侍郎。
刑部右侍郎。十月癸未，遷。戊子，高珩刑部右

趙璟工部左侍郎。

右侍郎。六月甲申，趙璟工部右侍郎。八月，遷。

康熙十	
吳達禮	
郝惟訥	
伊桑阿	
梁清標	
塞色黑	
吳正治	
郭四海	
宋德宜	
介山	
黃機十	庚午，黃機以吏部尚書管刑部尚書事。
馬喇	
朱之弼	
折爾肯	
張士甄	
屯泰	
楊永寧	
薩穆哈	
田六善	
達都七	
朱裴	
額星格	
楊正中	
吳努春	
富鴻基	
郭丕	
焦毓瑞	
党務禮	
項景襄	
禪塔海	
馮甦	
宜昌阿	
高珩十	侍郎。
祁通額	
趙璟	
溫代	
張問政	張問政代。

九年庚申

十一月憂免。癸酉，黃機吏部尚書。

一月遷。魏象樞刑部尚書。

七月遷。薩穆哈吏部左侍郎。

七月遷。達都戶部左侍郎。

月遷。沙賴戶部右侍郎。

月戊申病免。十二月辛巳，陳一炳刑部右侍郎。

卒。九月丙辰，金鼐工部右侍郎。

康熙二十年辛酉
吳達禮　三月乙亥乞休。五月庚申，介山吏部尚
黃機
伊桑阿
梁清標
塞色黑　二月乙酉休致。己亥，郭四海禮部尚書。
吳正治
郭四海　二月己亥遷。三月壬申，折爾肯兵部尚
宋德宜
介山　五月庚申遷。七月，郭四海以禮部尚書銜
魏象樞
馬喇　三月革。五月，帥顏保工部尚書。十二月乙
朱之弼
薩穆哈　五月辛未，沙賴吏部左侍郎。二月遷。
張士甄
屯泰
楊永寧
達都　三月癸酉遷。壬子，沙賴戶部左侍郎。五月
田六善　二月乙酉休。己亥，李天馥戶部左侍郎。
沙賴　三月壬子遷。科爾坤戶部右侍郎。五月乙
朱裴　二月乙酉休。己亥，李仙根戶部右侍郎。
額星格
楊正中
吳努春
富鴻基
郭丕
焦毓瑞
党務禮　六月癸未遷。禧佛兵部右侍郎。
項景襄　病免。十月甲辰，陳一炳兵部右侍郎。
禪塔海
馮甦　六月假免。七月癸丑，陳一炳刑部左侍郎。
宜昌阿
陳一炳　七月遷。癸丑，杜臻刑部右侍郎。十一月
祁通額　十二月休致。丁酉，党務禮工部左侍郎。
趙璟
溫代　遷。党務禮工部右侍郎。十二月遷。丁酉，蘇
金鼐

康熙	
介山	書。
黃機	
伊桑	
梁清	
帥顏	十二月乙未,帥顏保代。
吳正	
折爾	書銜兼管刑部尚書事。
宋德	
郭四	兼管刑部尚書事。
魏象	
薩穆	未遷。薩穆哈代。
朱之	
達都	達都吏部左侍郎。
張士	
屯泰	
杜臻	
科爾	辛未遷。乙亥,科爾坤戶部左侍郎。
李天	
額庫	亥遷。額庫禮戶部右侍郎。
李仙	
額星	
楊正	
吳努	
富鴻	
郭丕	
焦毓	
禧佛	
陳一	
禪塔	
杜臻	甲辰遷。十一月庚戌,杜臻刑部左侍郎。
宜昌	
葉方	遷。庚戌,葉方藹代。
党務	
趙璟	
蘇拜	拜工部右侍郎。
金鼐	

二十一年壬戌
十月己丑遷。丁酉，宋德宜吏部尚書。
阿
標
保
治　十月己丑遷。丁酉，沙澄禮部尚書。
肯　卒。十月丁酉，杭艾兵部尚書。
宜　十月遷。十一月丁酉，李之芳兵部尚書。
海　十二月卒。
樞
哈
弼
二月遷。乙酉，科爾坤吏部左侍郎。
甄
十一月戊午，佛禧吏部右侍郎。
四月壬午，吏部右侍郎。
坤　二月乙酉遷。壬申，額庫禮戶部左侍郎。
馥
禮　二月壬申遷。宜昌阿戶部右侍郎。
根
格
中
春
基
瑞
十一月遷。戊辰，庫勒納兵部右侍郎。
炳
海
四月遷。五月戊午，宋文運刑部左侍郎。
阿　二月遷。庫勒納刑部右侍郎。十月戊辰遷。十
靄　五月卒。庚午，熊一瀟刑部右侍郎。
禮
十一月遷。十二月乙亥，金鼐工部左侍郎。
十二月遷。乙亥，金世鑑工部右侍郎。

康熙二十二年癸	
介山二月丁丑遷。	
宋德宜	
伊桑阿六月戊寅	
梁清標	
帥顏保正月丁卯	
沙澄	
杭艾六月癸未遷。	
李之芳	
喀爾圖二月癸酉,	
魏象樞	
薩穆哈	
朱之弼	
科爾坤八月遷。庚	
張士甄	
禧佛二月己卯遷。	
杜臻	
額庫禮十月遷。乙	
李天馥	
宜昌阿十月甲	
李仙根	
喀星格九月庚午	
楊正中卒。十二月	
吳努春六月革。七	
富鴻基四月己丑	
郭丕	
焦毓瑞	
庫勒納十月甲寅	
陳一炳	
禪塔海	
宋文運	
鄂哈九月丙子遷。	二月乙亥,鄂哈刑部右侍郎。
熊一瀟三月遷。丙	
党務禮	
金鼐	
蘇拜	
金世鑑	

亥

六月戊寅,伊桑阿吏部尚書。

遷。癸未,杭艾戶部尚書。

乞休。二月丁丑,介山禮部尚書。

八月戊申,哈占兵部尚書。

刑部尚書。

午,赫色吏部左侍郎。

三月辛亥,色赫吏部右侍郎。九月庚午遷。額

卯,薩海戶部左侍郎。

寅,庫勒納戶部右侍郎。

遷。丙子,薩海禮部左侍郎。十月乙卯遷。鄂哈

壬寅,陳廷敬禮部左侍郎。

月乙未,薩海禮部右侍郎。九月丙子遷。鄂哈

病免。乙未,陳廷敬禮部右侍郎。十二月壬寅

遷。阿蘭泰兵部右侍郎。

佛倫刑部右侍郎。

午,高爾位刑部右侍郎。

星格吏部右侍郎。

禮部左侍郎。

禮部右侍郎。十月乙卯遷。溫代禮部右侍郎。十
遷。張玉書禮部右侍郎。

康熙二十三年	
伊桑阿	
宋德宜七月乙	
杭艾十二月乙	
梁清標八月丁	
介山十二月乙	
沙澄	
哈占	
李之芳八月遷。	
喀爾圖四月甲	
魏象樞八月乙	
薩穆哈	
朱之弼降。正月	
色赫	
張士甄八月遷。	
額星格九月遷。	
杜臻正月丙戌	
薩海	
李天馥八月戊	
庫勒納八月辛	
李仙根八月戊	
鄂哈	
陳廷敬正月乙	
蘇拜	一月丁丑，蘇拜禮部右侍郎。
張玉書二月乙	
郭丕	
焦毓瑞八月遷。	
阿蘭泰	
陳一炳	
禪塔海正月革。	
宋文運四月壬	
佛倫二月遷。辛	
高爾位四月遷。	
党務禮	
金鼐八月戊申	
巴錫八月戊申	
金世鑑八月戊	

甲子

亥遷。八月辛亥，李之芳吏部尚書。

巳遷。科爾坤戶部尚書。

卯遷。余國柱戶部尚書。

巳乞休。杭艾禮部尚書。

九月，梁清標以戶部尚書銜管兵部尚書事。

辰乞休。癸丑，諾敏刑部尚書。

卯乞休。丙寅，張士甄刑部尚書。

丙戌，杜臻工部尚書。

戊寅，李天馥吏部左侍郎。

庚辰，達哈他以吏部左侍郎管右侍郎事。

遷。乙未，陳廷敬吏部右侍郎。八月癸酉遷。己

寅遷。甲申，焦毓瑞戶部左侍郎。

巳遷。丙戌，鄂爾多戶部右侍郎。

寅降。癸亥，焦毓瑞戶部右侍郎。八月甲申遷。

未遷。二月乙巳，張玉書禮部左侍郎。憂免。九

巳遷。胡簡敬禮部右侍郎。九月乙丑，嚴我

楊雍建兵部左侍郎。

二月辛丑，佛倫刑部左侍郎。

子乞休。壬戌，高爾位刑部左侍郎。

丑，鄂爾多刑部右侍郎。十二月壬辰，蘇赫刑

壬戌，馬世濟刑部右侍郎。九月遷。

降。己未，金汝祥工部左侍郎。

降。乙卯，席特納工部右侍郎。

申降。丙寅，徐旭齡工部右侍郎。十二月遷。

卯，胡簡敬以吏部左侍郎管右侍郎事。

王鴻緒戶部右侍郎。

月乙丑，胡簡敬禮部左侍郎。己卯遷。甲申，嚴

斯禮部右侍郎。己卯遷。甲申，董訥代。

部右侍郎。

	康熙二十四年乙丑	
	伊桑阿	五月己丑遷。九月己卯，達哈
	李之芳	
	科爾坤	
	余國柱	
	杭艾	四月辛丑，哈占禮部尚書。
	沙澄	
	哈占	四月辛丑遷。五月己丑，伊桑阿
	梁清標	
	諾敏	
	張士甄	
	薩穆哈	
	杜臻	
	色赫	二月遷。三月己卯，阿蘭泰吏部
	李天馥	
	達哈他	正月丙戌，蘇拜吏部右侍
	胡簡敬	
	薩海	三月己卯遷。四月壬辰，鄂爾多
	焦毓瑞	卒。二月癸丑，王鴻緒戶部左
	鄂爾多	四月壬辰遷。蘇赫戶部右侍
	王鴻緒	二月癸丑遷。董訥戶部右侍
	鄂哈	
我斯代。	嚴我斯	
	蘇拜	正月遷。二月癸巳，額星格禮部
	董訥	二月癸丑遷。三月壬戌，蔣弘道
	郭丕	
	楊雍建	
	阿蘭泰	二月遷。甲辰，佛倫兵部右侍
	陳一炳	正月遷。二月，馬世濟兵部右
	佛倫	二月遷。甲辰，蘇赫刑部左侍郎。
	高爾位	
	蘇赫	二月遷。甲辰，席柱刑部右侍郎。
	馬世濟	二月遷。庚子，張可前刑部右
	党務禮	
	金汝祥	
	席特納	
	陳一炳	正月，工部右侍郎。

他吏部尚書。

兵部尚書。

左侍郎。

郎。二月癸巳免。己亥，阿蘭泰吏部右侍郎。三月

戶部左侍郎。

侍郎。

郎。

郎。

右侍郎。

禮部右侍郎。

郎。

侍郎。

四月遷。戊戌，席柱刑部左侍郎。

四月遷。戊戌，傅臘塔刑部右侍郎。

侍郎。

康熙二十五年丙寅	
達哈他	
李之芳	
科爾坤	
余國柱	
哈占 九月庚寅，諾敏禮部	
沙澄 九月辛亥休。十月丙辰，	
伊桑阿	
梁清標	
諾敏 九月庚寅遷。乙未，禧佛	
張士甄 十月丙辰遷。庚申，胡	
薩穆哈 六月戊辰革。乙亥，佛	
杜臻 九月辛丑憂。丁未，陳廷	
阿蘭泰 六月遷。七月，薩海吏	
李天馥	
薩海 七月丙午遷。傅臘塔吏	己卯還。薩海代。
胡簡敬 五月丁亥降。丁酉，董	
鄂爾多 十一月壬辰，麻爾	
王鴻緒 閏四月乙亥，董訥	
蘇赫 三月癸酉遷。丁丑，傅臘	
董訥 閏四月遷。乙亥，胡昇猷	
鄂哈 閏四月休。庚午，穆稱額	
嚴我斯	
額星格 七月丙戌遷。孫果禮	
蔣弘道 五月丁酉遷。己酉，徐	
郭丕	
楊雍建 十一月庚子休致。十	
傅臘塔 正月壬午，兵部右侍	
馬世濟 十月乙丑遷。蔡毓榮	
席柱 閏四月戊午遷。噶爾圖	
高爾位 六月憂免。七月癸未，	
傅臘塔 正月遷。丁亥，丹岱刑	
張可前 七月遷。癸未，王日藻	
党務禮	
金汝祥 三月壬戌免。戊辰，陳	
席特納 二月辛亥休致。三月	
陳一炳 三月遷。壬辰，孫在豐	

尚書。

張士甄禮部尚書。

刑部尚書。

昇猷刑部尚書。

倫工部尚書。

敬工部尚書。

部左侍郎。

部右侍郎。

訥吏部右侍郎。九月庚戌遷。十月戊午，胡昇

圖戶部左侍郎。

戶部左侍郎。五月丁酉遷。胡昇猷戶部左侍

塔戶部右侍郎。七月丙戌遷。己丑，麻爾圖戶

戶部右侍郎。五月丁酉遷。蔣弘道戶部右侍

禮部左侍郎。六月戊辰革。七月丙戌，額星格

部右侍郎。

乾學禮部右侍郎。

二月戊午，張可前兵部左侍郎。

郎。三月遷。四月甲申，丹岱兵部右侍郎。

兵部右侍郎。十二月革。戊午，張英兵部右侍

刑部左侍郎。

張可前刑部左侍郎。十二月遷。

部右侍郎。三月甲申遷。四月己丑，噶爾圖刑

刑部右侍郎。十月遷。乙丑，張鵬刑部右侍郎。

一炳工部左侍郎。

甲子，沙賴工部右侍郎。

工部右侍郎。

猷吏部右侍郎。庚申遷。乙丑，馬世濟吏部右

郎。

部右侍郎。十一月壬辰遷。賽弼漢戶部右侍

郎。十月壬戌遷。王日藻戶部右侍郎。

禮部左侍郎。

郎。

部右侍郎。閏四月遷。癸亥，敦多禮代。

十二月遷。戊午，趙之鼎代。

	康熙二十六年丁卯
	達哈他八月卒。九月甲申，科爾坤吏部
	李之芳九月壬午遷。戊子，陳廷敬吏部
	科爾坤九月甲申遷。戊子，佛倫戶部尚
	余國柱二月甲寅遷。己未，陳廷敬戶部
	諾敏遷。二月辛亥，伊桑阿禮部尚書。
	張士甄
	伊桑阿二月辛亥遷。壬戌，鄂爾多兵部
	梁清標
	禧佛二月丙辰革。辛酉，佛倫刑部尚書。
	胡昇猷二月庚申降。丁卯，張玉書刑部
	佛倫二月辛酉遷。阿蘭泰工部尚書。
	陳廷敬二月戊午遷。王日藻工部尚書。
	薩海
	李天馥
	傅臘塔
侍郎。	馬世濟三月癸卯遷。丁未，熊一瀟吏部
	麻爾圖
	蔣弘道
郎。	賽弼漢
	王日藻二月丁卯遷。癸酉，張鵬戶部右
	額星格十一月革。十二月，席爾達禮部
	嚴我斯六月假。徐乾學禮部左侍郎。九
	覺羅孫果正月，圖爾宸禮部右侍郎。
	徐乾學六月乙亥遷。張英禮部右侍郎。
	郭丕四月甲戌遷。五月庚辰，丹岱兵部
	張可前
	丹岱五月遷。庚辰，拉篤祜兵部右侍郎。
	張英六月乙亥遷。七月癸未，成其範兵
	噶爾圖二月丁巳革。辛酉，噶恩泰刑部
	張鵬二月遷。三月辛巳，趙之鼎刑部左
	敦多禮二月丁巳革。辛酉，席珠刑部右
	趙之鼎三月辛巳遷。王國安刑部右侍
	党務禮七月戊子遷。乙未，覺羅沙剌工
	陳一炳十月壬申革。十一月戊寅，孫在
	覺羅沙七月遷。乙未，傅臘塔工部右
	孫在豐十一月遷。戊寅，徐廷璽工部右

尚書。
尚書。
書。
尚書。九月戊子遷。丙申，王日藻戶部尚書。
尚書。
九月戊子遷。廖旦刑部尚書。
尚書。
九月丙申遷。湯斌工部尚書。十月甲子卒。熊
右侍郎。十月甲子遷。庚午，張鵬代。
侍郎。十月遷。乙亥，王遵訓代。
左侍郎。
月遷。甲辰，張英代。
三月乙丑，顧八代禮部右侍郎。十二月，多奇
九月甲辰遷。王颺昌禮部右侍郎。
左侍郎。
十月戊辰免。壬申，禪布兵部右侍郎。
部右侍郎。
左侍郎。九月遷。戊子，席珠刑部左侍郎。
侍郎。六月癸巳病免。癸卯，王國安刑部左侍
侍郎。九月戊子遷。塞楞額刑部右侍郎。
郎。六月遷。癸卯，柱斗薛刑部右侍郎。
部左侍郎。十月革。十一月己卯，傅臘塔工部
豐工部左侍郎。
侍郎。十一月己卯遷。伊爾格圖工部右侍郎。
侍郎。

康熙二十七年戊辰	
科爾坤 二月壬子免。甲寅，廖	
陳廷敬 五月己卯病免。丙申，	
佛倫 二月壬子免。丙辰，鄂爾	
王日藻 十二月壬子假。戊午，	
伊桑阿 二月甲寅遷。丁巳，麻	
張士甄 五月丙申遷。六月戊	
鄂爾多 二月丙辰遷。阿蘭泰	
梁清標 二月甲寅遷。壬戌，張	
廖旦 二月甲寅遷。丁巳，圖納	
張玉書 二月壬戌遷。己巳，徐	
阿蘭泰 二月丙辰遷。庚申，蘇	
熊一瀟 二月壬子免。甲寅，李	一瀟工部尚書。
薩海	
李天馥 二月甲寅遷。丁巳，張	
傅臘塔	
張鵬 二月丁巳遷。翁叔元吏	
麻爾圖 二月丁巳遷。辛酉，賽	
蔣弘道	
賽弼漢 遷。二月辛酉，開音布	
王遵訓 二月乙未，徐誥武	
席爾達	
張英	
多奇	禮部右侍郎。
王颺昌	
丹岱 三月乙亥遷。庚辰，禪拜	
張可前	
禪布 三月庚辰遷。舜拜兵部	
成其範 十月降。甲子，董訥兵	
席珠	
王國安	郎。
塞楞額 免。二月，傅臘塔刑部	
薛柱斗 二月辛未革。三月乙	
傅臘塔 二月遷。癸酉，伊爾格	左侍郎。
孫在豐 三月丁酉降。四月甲	
伊爾格圖 二月癸酉遷。齊稽	
徐廷璽 四月甲辰遷。王承祖	

旦吏部尚書。四月戊午乞休。五月壬午，阿蘭

張士甄吏部尚書。

多戶部尚書。

徐元文戶部尚書。

爾圖禮部尚書。

辰，熊賜履禮部尚書。十二月庚子憂。己酉，張

兵部尚書。五月壬午遷。丁亥，紀爾他布兵部

玉書兵部尚書。十二月己酉遷。李天馥兵部

刑部尚書。

乾學刑部尚書。五月己卯病免。壬午，李天馥

赫工部尚書。

天馥工部尚書。六月戊辰，翁叔元工部尚書。

鵬吏部左侍郎。六月丁卯，翁叔元吏部左侍

部右侍郎。六月丁卯遷。張集吏部右侍郎。七

弼漢戶部左侍郎。

戶部右侍郎。

戶部右侍郎。

兵部左侍郎。十一月乙酉遷。辛卯，舜拜兵部

右侍郎。

部右侍郎。

右侍郎。四月戊申遷。丙辰，阿喇彌刑部右侍

亥，鄭重刑部右侍郎。

圖工部左侍郎。

辰，徐廷璽工部左侍郎。

工部右侍郎。

工部右侍郎。

泰　吏部尚書。

玉書　禮部尚書。

尚書。

尚書。

刑部尚書。十二月己酉遷。徐元文　刑部尚書。

郎。戊辰遷。七月甲戌，張集　吏部左侍郎。

月甲戌，王封濼　吏部右侍郎。

左侍郎。

郎。

康熙二十八年己巳	
阿蘭泰五月乙巳遷。鄂爾多吏部	
張士甄	
鄂爾多五月乙巳遷。麻爾圖戶部	
徐元文五月乙巳遷。丁未，王騭戶	
麻爾圖五月乙巳遷。顧八代禮部	
張玉書	
紀爾他布	
李天馥	
圖納	
杜臻三月壬辰，刑部尚書。	十二月遷。
蘇赫	
翁叔元五月乙丑免。十二月戊辰，	
薩海	
張集	
傅臘塔六月戊子降。甲午，索諾和	
王封濚閏三月戊戌憂。郭琇吏部	
賽弼漢	
蔣弘道	
開音布三月癸巳遷。阿山戶部右	
徐誥武	
席爾達	
張英十二月戊辰遷。戊寅，王騭昌	
多奇	
王騭昌十二月戊寅，顧汧禮部	
舜拜	
張可前四月癸酉假免。丁亥，王維	
沙穆哈	
董訥三月丁亥遷。四月辛卯，王維	
席珠	
王國安六月遷。戊子，鄭重刑部左	
阿喇彌六月遷。七月，噶世圖刑部	
鄭重六月戊子遷。高爾位刑部右	
伊爾格圖	
徐廷璽	
齊稽	
王承祖	

尚書。

尚書。
部尚書。
尚書。

張英工部尚書。

吏部右侍郎。
右侍郎。五月丁未遷。壬子，李振裕吏部右侍郎。

侍郎。

禮部左侍郎。

右侍郎。

珍兵部左侍郎。

珍兵部右侍郎。丁亥遷。吳琠代。十月遷。十二月

侍郎。
右侍郎。
侍郎。

	康熙二十九年庚午
	鄂爾多
	張士甄
	麻爾圖 正月癸卯，降。己酉，蘇
	王鷺
	顧八代
	張玉書 六月乙酉，遷。七月庚
	紀爾他布
	李天馥
	圖納
	杜臻
	蘇赫 正月，遷。己酉，席杜工部
	張英
	薩海
	張集 二月丁亥，李振裕吏
	索諾和
	李振裕 二月，遷。丁亥，趙士麟
	賽弼漢
	蔣弘道
	阿山
	徐誥武
	席爾達
	王颺昌
	多奇
	顧汧 三月壬辰，憂免。庚子，王
	舜拜 十一月庚寅，停職。凱音
	王維珍
	沙穆哈
壬申，李光地代。	李光地
	席珠 正月己未，遷。己酉，噶世
	鄭重
	喀世圖 正月，遷。己酉，噶爾泰
	高爾位
	伊爾格圖
	徐廷璽
	齊稽
	王承祖

赫戶部尚書。

寅,張英禮部尚書。十月辛巳免。十一月己亥,

尚書。

部左侍郎。

吏部右侍郎。

澤弘禮部右侍郎。

布署兵部左侍郎。

圖刑部左侍郎。三月休致。乙丑,噶爾泰代。

刑部右侍郎。三月乙丑遷。傅臘塔代。

	康熙三十年辛未
	鄂爾多 七月卒。庚申，蘇赫吏部尚
	張士甄 五月乙巳降。六月乙卯，李
	蘇赫 閏七月庚申遷。庫勒納戶部
	王騭
	顧八代
熊賜履代。	熊賜履
	紀爾他布 罷。正月乙卯，馬齊兵部
	李天馥 六月癸亥遷。杜臻兵部尚
	圖納
	杜臻 六月癸亥遷。陳廷敬刑部尚
	席柱 十月戊申降。十一月丁巳，索
	陳廷敬 六月辛未遷。高爾位工部
	薩海 十一月癸亥遷。十一月庚午，
	李振裕 十一月壬戌，趙士麟吏
	索諾和 六月辛未，布彥圖吏部
	趙士麟 十一月壬戌遷。十一月癸
	賽弼漢 卒。七月庚申，阿山戶部左
	蔣弘道
	阿山 七月庚申遷。博際戶部右侍
	徐誥武
	席爾達
	王颺昌
	多奇
	王澤弘
	舜拜 三月甲寅遷。四月戊午，沙穆
	王維珍
	沙穆哈 四月戊午遷。朱都訥兵部
	李光地
	噶爾泰 正月辛亥病免。乙卯，傅臘
	鄭重
	傅臘塔 正月乙卯遷。布彥圖刑部
	高爾位 六月辛未遷。壬午，李廻刑
	伊爾格圖 十月戊申降。十一月丁
	徐廷璽
	齊稽 十月戊申降。十一月丁巳，圖
	王承祖 十月戊申降。十一月丁巳，

書。

天馥吏部尚書。

尚書。

尚書。

書。

書。

諾和工部尚書。

尚書。

布彥圖吏部左侍郎。

部左侍郎。

右侍郎。十一月庚午遷。沙穆哈吏部右侍郎。

亥，彭孫遹吏部右侍郎。

侍郎。

郎。

哈兵部左侍郎。十一月遷。丙子，朱都訥兵部左

右侍郎。十一月遷。丙子，舒恕兵部右侍郎。

塔刑部左侍郎。

右侍郎。六月遷。戊寅，邁塗刑部右侍郎。

部右侍郎。

巳，凱音布工部左侍郎。

爾宸工部右侍郎。

年遐齡工部右侍郎。

康熙三十一壬申	
蘇赫卒。二月庚子，庫勒納吏部尚書。	
李天馥十月己卯遷。癸巳，熊賜履吏部	
庫勒納二月庚子遷。乙巳，馬齊戶部尚	
王騭	
顧八代	
熊賜履十月遷。戊戌，張英禮部尚書。	
馬齊二月乙巳遷。索諾和兵部尚書。	
杜臻	
圖納	
陳廷敬八月憂免。丙戌，翁叔元刑部尚	
索諾和二月遷。乙巳，沙穆哈工部尚書。	
李振裕	
布彥圖	
趙士麟	
沙穆哈二月乙巳遷。三月壬子，傅臘塔	
彭孫遹	
阿山十月癸巳，思格色戶部左侍郎。	
蔣弘道	
傅際二月丁亥遷。凱音布戶部右侍郎。	
徐誥武卒。八月癸未，王士禛戶部右侍	
席爾達	
王颺昌十一月病免。十二月戊寅，王澤	
多奇	
顧汧十二月戊寅，王封灤禮部右侍	
朱都訥	侍郎。
王維珍	
舒恕	
李光地	
傅臘塔三月壬子遷。邁塗刑部左侍郎。	
鄭重	
邁塗三月丙辰遷。尹泰刑部右侍郎。	
李廻	
凱音布二月遷。丁亥，圖爾宸工部左侍	
徐廷璽二月丙戌，年遐齡工部左侍	
圖爾宸二月遷。沙納海工部右侍郎。	
年遐齡二月遷。李元振工部右侍郎。十	

尚書。
書。

書。

吏部右侍郎。

二月癸未，阿山免。丁亥，博際戶部左侍郎。四
四月乙巳遷。恩格色戶部右侍郎。十月癸巳
郎。

弘禮部左侍郎。

郎。

郎。
郎。十月庚子遷。李元振工部左侍郎。

月庚子遷。徐潮工部右侍郎。

月乙巳遷。凱音布代。十月癸巳，恩格色任。
遷。法爾哈戶部右侍郎。

康熙三十二年癸酉	
庫勒納	
熊賜履	
馬齊	
王騭	
顧八代	九月革。十月甲戌，沙穆哈禮部尚書。
張英	
索諾和	
杜臻	
圖納	
翁叔元	
沙穆哈	十月遷。己卯，薩穆哈工部尚書。
李振裕	
布彥圖	
趙士麟	
傅臘塔	
彭孫遹	
恩格色	
蔣弘道	
法爾哈	
王士禛	
席爾達	
王澤弘	
多奇	
王封濼	
朱都訥	
王維珍	
舒恕	十月丙寅免。庚子，安布祿兵部右侍郎。
李光地	
邁圖	
鄭重	
尹泰	
李迴	十二月癸未假免。己丑，田雯刑部右侍郎。
圖爾宸	
李元振	
沙納海	
徐潮	

康熙三十三年甲戌	
庫勒納	
熊賜履	
馬齊	
王騭	三月戊午休致。十一月戊寅，陳廷敬戶部
沙穆哈	三月丁未革。乙卯，佛倫禮部尚書。
張英	
索諾和	
杜臻	
圖納	
翁叔元	
薩穆哈	
李振裕	
布彥圖	六月甲子革。七月己巳，常書吏部左侍
趙士麟	
傅臘塔	閏五月遷。己丑，常書吏部右侍郎。七月
彭孫遹	
恩格色	
蔣弘道	七月丁卯遷。王士禛戶部左侍郎。
法爾哈	
王士禛	七月丁卯遷。王掞戶部右侍郎。
席爾達	
王澤弘	
多奇	
王封濚	
朱都訥	
王維珍	十月遷。癸亥，張集兵部左侍郎。
安布祿	七月己巳遷。甲戌，馬爾漢兵部右侍郎。
李光地	五月辛亥，張集兵部右侍郎。十月癸
邁圖	
鄭重	十二月丁未，田雯刑部左侍郎。
尹泰	
田雯	十二月丁未遷。陳汝器刑部右侍郎。
圖爾宸	
李元振	
沙納海	五月辛亥遷。丁巳，常綬工部右侍郎。
徐潮	

康熙三十四年	
庫勒納	
熊賜履	
馬齊	
陳廷敬	尙書。
佛倫	
張英	
索諾和	
杜臻	
圖納	
翁叔元	
薩穆哈	
李振裕	
常書	郎。
趙士麟	
安布祿	己巳遷。安布祿吏部右侍郎。
彭孫遹	
恩格色	
王士禛	
法爾哈　七月	
王掞	
席爾達	
王澤弘	
多奇	
王封濚	
朱都訥	
張集	
馬爾漢	
張鵬翮	亥遷。張鵬翮兵部右侍郎。
邁圖	
田雯	
尹泰	
陳汝器	
圖爾宸	
李元振	
常綬	
徐潮　五月憂免。	

乙亥	康熙三十五年丙
	庫勒納
	熊賜履
	馬齊
	陳廷敬
	佛倫
	張英
	索諾和八月丁酉
	杜臻
	圖納
	翁叔元
	薩穆哈
	李振裕
	常書六月癸卯遷。
	趙士麟
	安布祿六月壬子
	彭孫遹
	恩格色三月丁卯
	王士禛
丙戌，阿爾拜戶部右侍郎。	阿爾拜六月己亥
	王掞
	席爾達
	王澤弘
	多奇
	王封濚
	朱都訥四月乙未
	張集
	馬爾漢六月癸卯
	張鵬翮
	邁圖
	田雯
	尹泰六月癸卯遷。
	陳汝器正月癸未
	圖爾宸
	李元振
	常綬
六月庚寅，李枏工部右侍郎。	李枏

子

革。甲辰，凱音布兵部尚書。

壬子，安祿布吏部左侍郎。

遷。阿爾拜吏部右侍郎。

革。阿爾拜戶部左侍郎。六月壬子遷。陶岱戶

轉。陶岱戶部右侍郎。壬子遷。庸愛戶部右

革。六月丁卯，馬爾漢兵部左侍郎。

遷。嵩祝兵部右侍郎。八月己巳遷。九月乙亥，

七月乙卯，綬色刑部右侍郎。

遷。二月甲午，喻成龍刑部右侍郎。

	康熙三十六年丁丑
	庫勒納
	熊賜履
	馬齊
	陳廷敬
	佛倫
	張英
	凱音布九月庚子遷。乙
	杜臻
	圖納五月卒。丁酉，傅臘
	翁叔元五月辛丑乞休。
	薩穆哈
	李振裕
	安布祿正月己巳遷。丙
	趙士麟
	阿爾拜正月丙子遷。陶
	彭孫遹九月己巳假。癸
部左侍郎。	陶岱正月丙子遷。庸愛
	王士禛
侍郎。	庸愛正月丙子遷。貝和
	王掞
	席爾達五月辛丑遷。丙
	王澤弘九月遷。王封濼
	多奇二月戊戌革。五月
	王封濼九月癸未遷。韓
	馬爾漢
	張集
哈雅爾圖兵部右侍郎。	哈雅爾圖九月遷。十月
	張鵬翮五月遷。丁酉，嚴
	邁圖七月丁未病免。八
	田雯
	綏色八月遷。丙辰，覺羅
	喻成龍
	圖爾宸
	李元振九月丙寅假免。
	常綬
	李柟四月憂免。丁丑，李

巳，席爾達兵部尚書。

塔刑部尚書。

壬寅，吳琠刑部尚書。

子，阿爾拜吏部左侍郎。

岱吏部右侍郎。

未，王澤弘吏部右侍郎。

戶部左侍郎。

諾戶部右侍郎。

午，努赫禮部左侍郎。

禮部左侍郎。

辛卯，努赫禮部右侍郎。丙午遷。楊舒禮部右侍

菼禮部右侍郎。

庚申，覺羅三寶兵部右侍郎。

曾矩兵部右侍郎。

月丙辰，綏色刑部左侍郎。

三寶刑部右侍郎。十月庚申遷。孟額刑部右侍

己亥，李光地工部左侍郎。

光地工部右侍郎。

郎。

郎。十一月辛丑休致。丙午，戴都里刑部右侍郎。

康熙三十七年戊寅

庫勒納

熊賜履

馬齊

陳廷敬

佛倫

張英

席爾達

杜臻

傅臘塔

吳琠　七月癸酉遷。庚辰，張鵬翮刑部尚書。十一

薩穆哈

李振裕　十一月丙申遷。熊一瀟工部尚書。

阿爾拜

趙士麟

陶岱

彭孫遹

庸愛

王士禎　七月乙酉遷。庚寅，王掞戶部左侍郎。

貝和諾　十二月己未遷。庚申，魯伯赫戶部右侍

王掞　七月庚寅遷。錢三錫戶部右侍郎。

努赫　十一月甲午，楊舒禮部左侍郎。

王澤弘

楊舒　十一月甲午遷。戴都里禮部右侍郎。

韓菼

馬爾漢

張集

覺羅三寶

嚴曾矩

綏色

田雯

戴都里　十一月甲午遷。辛寶刑部右侍郎。

喻成龍　三月丙申遷。徐潮刑部右侍郎。

圖爾宸　四月甲寅休致。戊午，常綬工部左侍郎。

李光地　十二月辛丑遷。丙午，李柟工部左侍郎。

常綬　四月遷。戊午，羅察工部右侍郎。

熊一瀟　十二月丙申遷。壬寅，李柟工部右侍郎。

康熙三十	
庫勒納	
熊賜履十	
馬齊十一	
陳廷敬十	
佛倫遷。十	
張英十一	
席爾達十	
杜臻十一	
傅臘塔	
李振裕十	月壬辰遷。丙申李振裕刑部尚書。
薩穆哈	
熊一瀟二	
阿爾拜	
趙士麟卒。	
陶岱	
彭孫遹	
庸愛	
王掞五月	
魯伯赫	郎。
錢三錫六	
楊舒	
王封濼	
戴都里	
韓菼十二	
馬爾漢五	
張集	
覺羅三寶	
嚴曾矩	
綏色	
田雯六月	
辛寶九月	
徐潮六月	
常綬十二	
李柟九月	
羅察十二	
顧藻九月	丙午遷。顧藻工部右侍郎。

八年己卯

一月己亥遷。陳廷敬吏部尚書。

月己亥，授大學士，仍兼管戶部尚書。

一月己亥遷。李振裕戶部尚書。

一月己亥，席爾達禮部尚書。

月己亥遷。杜臻禮部尚書。

一月己亥遷。馬爾漢兵部尚書。

月遷。己亥，范承勳兵部尚書。

一月己亥遷。王士禛刑部尚書。

月辛丑乞休。五月癸巳，王鴻緒工部尚書。

五月丁亥，王澤弘吏部左侍郎。十一月己亥

五月丁亥，王掞吏部右侍郎，代王澤弘。十二

丁亥遷。六月，錢三錫戶部左侍郎。

閏七月戊午，溫達戶部右侍郎。

月遷。田雯戶部右侍郎。九月庚申遷。李柟戶

十月壬申，努赫禮部右侍郎。

月遷。庚午，李錄予禮部右侍郎。

月丁亥遷。乙未，覺羅三寶兵部左侍郎。

五月乙未遷。布雅努兵部右侍郎。

戊戌遷。徐潮刑部左侍郎。

革。癸丑，吳赫刑部右侍郎。十二月遷。庚子，常

乙未遷。李輝祖刑部右侍郎。

月庚午遷。羅察工部左侍郎。

庚申遷。顧藻工部左侍郎。

月庚午遷。倭赫工部右侍郎。

庚申遷。吳涵工部右侍郎。

康熙三十	
庫勒納十	
陳廷敬	
馬齊	
李振裕	
席爾達十	
杜臻六月	
馬爾漢	
范承勳	
傅臘塔	
王士禛	
薩穆哈	
王鴻緒	
阿爾拜十	
王掞	遷。十二月庚午，王掞吏部左侍郎。
陶岱五	
韓菼十一	月庚午遷。韓菼吏部右侍郎。
庸愛	
錢三錫	
溫達	
李柟六月	部右侍郎。
楊舒四	
王封溁	
努赫	
李錄予	
覺羅三寶	
張集	
布雅努	
嚴曾矩卒。	
綏色	
徐潮九月	
常綬	綬刑部右侍郎。
李輝祖二	
羅察十二	
顧藻	
倭赫三	
吳涵十一	

九年庚辰
月壬午解任。丁亥，席爾達吏部尚書。
月遷。
癸亥致仕。己亥，王澤弘禮部尚書。十一月辛
月壬午解任。丁亥，特默德吏部左侍郎。
月丁未，特默德吏部右侍郎。十月丁亥遷。傅
月丙午遷。癸丑，徐秉義吏部右侍郎。
己巳遷。乙亥，王紳戶部右侍郎。
月壬辰，三寶禮部左侍郎。十一月辛丑革。丙
四月壬辰遷。朱都訥兵部左侍郎。
七月，胡會恩兵部右侍郎。
己酉遷。丙辰，喻成龍刑部左侍郎。十一月甲
月革。喻成龍刑部右侍郎。九月己酉遷。卞永
月降。白碩色工部左侍郎。
月己未，特默德工部右侍郎。五月丁未遷。白
月甲午遷。喻成龍工部右侍郎。

康熙	
席爾	
陳廷	
馬齊	
李振	
席哈	
韓菼	丑休致。丙午，韓菼代。
馬爾	
范承	
傅臘	
王士	
薩穆	
王鴻	
特默	
王掞	
傅繼	繼祖吏部右侍郎。
徐秉	
庸愛	
錢三	
溫達	
王紳	
凱音	午，凱音布禮部左侍郎。
王封	
努赫	
李祿	
朱都	
張集	
布雅	
胡會	
綏色	
卞永	午遷。卞永譽代。
常綬	
吳涵	譽刑部右侍郎。十一月遷。甲申，吳涵代。
白碩	
顧藻	
敦拜	碩色工部右侍郎。十二月遷。敦拜代。
喻成	

四十年辛巳
達
敬
十月壬申，凱音布戶部尚書。
裕
納　十月壬申，禮部尚書。
漢
勳
塔　十一月丁未革。辛亥，安布祿刑部尚書。
禛
哈
緒
德
祖
義
錫
布　十月壬申遷。邵穆布禮部左侍郎。
漢
正　月革。甲寅，席哈納禮部右侍郎。十月壬申，羅
予
訥　八月癸未革。九月丁未，法良兵部左侍郎。
努
恩
譽
十二月辛未，蘇赫訥刑部右侍郎。
色　正月甲寅免。敦拜工部左侍郎。
二月丁丑假。丙戌，喻成龍工部左侍郎。十二
正月甲寅遷。舒輅工部右侍郎。
龍　二月丙戌遷。許汝霖工部右侍郎。十二月丁

	康熙四十一年壬
	席爾達 九月己巳
	陳廷敬
	凱音布
	李振裕
	席哈納 九月己巳
	韓菼
	馬爾漢
	范承勳
	安布祿
	王士禛
	薩穆哈
	王鴻緒
	特默德 二月甲子
	王掞
	傅繼祖 二月癸酉
	徐秉義 六月辛亥
	庸愛
	田雯 正月壬寅病
	溫達 二月癸酉遷。
	王紳 正月庚戌遷。
	邵穆布
	王封濼
察禮部右侍郎，代席。	羅察
	李鍅予 四月丙寅
	法良 十二月辛丑
	張集 四月戊午，
	布雅努
	胡會恩 四月戊午
	綏色 六月辛亥革。
	卞永譽
	蘇赫訥 六月遷。己
	吳涵 六月己未遷。
	舒輅 三月癸未，工
月丁卯，許汝霖工部左侍郎。	許汝霖 五月丁亥
	舒輅 三月癸未遷。
卯遷。李元振工部右侍郎。	李元振 六月遷。辛

午

遷。敦拜吏部尙書。

遷。席爾達禮部尙書。

革。癸酉,傅繼祖吏部左侍郎。

遷。温達吏部右侍郎。九月遷。壬申,常舒以吏部

革。吳涵吏部右侍郎。

免。庚戌,王紳戶部左侍郎。

三月癸未,賴都戶部右侍郎。

范承烈戶部右侍郎。

憂免。五月丁亥,許汝霖禮部右侍郎。

革。甲辰,紀爾他布兵部左侍郎。

胡會恩兵部左侍郎。

遷。屠粹忠兵部右侍郎。

己未,蘇赫訥刑部左侍郎。

未,舒輅刑部右侍郎。十二月乙未遷。金璽刑部

張泰交刑部右侍郎。

部左侍郎。六月遷。癸亥,常恕工部左侍郎。九月

遷。六月辛亥,李元振工部左侍郎。

常恕工部右侍郎。六月遷。恩特工部右侍郎。九

亥,甘國樞工部右侍郎。十二月甲辰,來道工部

康熙四十二年癸		
敦拜		
陳廷敬	四月丙申	
凱音布		
李振裕		
席爾達		
韓菼		
馬爾漢		
范承勳		
安布祿		
王士禛		
薩穆哈		
王鴻緒		
傅繼祖		
王掞		
常舒		左侍郎管右侍郎事。
吳涵		
庸愛		
王紳		
賴都		
范承烈		
邵穆布		
王封濚	六月卒。丁	
羅察		
許汝霖	六月丁丑	
紀爾他布		
胡會恩		
布雅努		
屠粹忠		
蘇赫訥		
卡永譽		
舒輅		右侍郎。
金璽	四月壬寅,	
恩特		壬申遷。恩特工部左侍郎。
李元振		
哈鼐		月遷。哈鼐工部右侍郎。
來道		右侍郎。

未

遷。戊戌，李光地吏部尚書。

丑，許汝霖禮部左侍郎。

遷。王項齡禮部右侍郎。

勵杜訥刑部右侍郎。九月卒。丁卯，陳論刑部

康熙四十三年甲申		
敦拜		
李光地		
凱音布		
李振裕	十月庚辰遷。徐潮戶部尚書。	
席爾達		
韓菼	十月己未卒。庚辰，李振裕禮部	
馬爾漢		
范承勳	四月乙亥乞休。十月己卯，屠	
安布祿		
王士禎	九月降。十月庚辰，王掞刑部	
薩穆哈	三月革。丙寅，溫達工部尚書。	
王鴻緒		
傅繼祖		
王掞	十月庚辰遷。乙酉，姜橚吏部左	
常舒		
吳涵	十月己卯遷。乙酉，李錄予吏部	
庸愛		
王紳		
賴都		
范承烈		
邵穆布		
許汝霖	二月癸酉，王項齡禮部左	
羅察	六月甲戌降。癸未，鐵圖禮部右	
王項齡	二月癸酉遷。王九齡禮部右	
紀爾他布	二月癸酉，布雅努兵部	
胡會恩	四月癸酉遷。屠粹忠兵部左	
布雅努	二月癸酉遷。貝和諾兵部右	
屠粹忠	四月癸酉遷。王九齡兵部右	
蘇赫訥		
卞永譽		
舒輅	四月遷。常綬刑部右侍郎。	
陳論	九月戊午降。十月己卯，張睿刑	右侍郎。
恩特	三月革。三月丙寅，色德里工部	
李元振		
哈鼐	三月丙寅，穆和倫工部右侍	
來道	三月己酉革。丙寅，姜橚工部右	

尙書。

粹忠兵部尙書。

尙書。

侍郞。十月丙申,卒。李錄予吏部左侍郞。

右侍郞。十月丙申遷。王九齡吏部右侍郞。

侍郞。

侍郞。

侍郞。四月癸酉遷。胡會恩禮部右侍郞。

左侍郞。

侍郞。十月遷。十一月己酉,梅鋗兵部左侍郞。

侍郞。

侍郞。十一月乙酉遷。梅鋗兵部右侍郞。十一

部右侍郞。

左侍郞。

郞。

侍郞。十一月遷。壬辰,程文彝工部右侍郞。

康熙四十四年乙酉	
敦拜	
李光地 十一月辛酉遷。	
凱音布	
徐潮	
席爾達	
李振裕	
馬爾漢	
屠粹忠	
安布祿	
王掞	
溫達	
王鴻緒	
傅繼祖	
李錄予	
常舒 正月庚申遷。希福	
王九齡	
庸愛 五月癸亥革。癸酉，	
王紳 五月癸亥革。乙亥，	
賴都 四月遷。五月庚戌，	
范承烈 五月乙亥遷。汪	
邵穆布	
王項齡	
鐵圖	
胡會恩	
布雅努 十月丁酉休致。	
梅鋗	
貝和諾 五月庚辰遷。乙	
曹鑑倫	月己酉遷。曹鑑倫代。
蘇赫訥 十月丁酉休致。	
卞永譽	
常綬	
張睿	
色德里 九月休致。穆和	
李元振	
穆和倫 九月乙酉遷。巢	
程文彝 卒。六月戊戌，趙	

宋犖吏部尚書。

納蘭吏部左侍郎。九月甲申遷。乙酉，杜敏吏部

穆丹戶部左侍郎。

范承烈戶部左侍郎。

穆丹戶部右侍郎。癸酉遷。巴錫戶部右侍郎。

霧戶部右侍郎。

滿闢兵部左侍郎。

酉，滿闢兵部右侍郎。十月丁酉遷。甲辰，殷特

常綬刑部左侍郎。甲辰，魯瑚刑部左侍郎。

倫工部左侍郎。

可托工部右侍郎。

世芳工部右侍郎。十一月己卯遷。十二月辛

康熙四十五年丙戌		
敦拜	十月乙酉乞休。	
宋犖		
凱音布	十二月乙巳	
徐潮		
席爾達	十二月乙	
李振裕		
馬爾漢		
屠粹忠	卒。五月己未，	
安布祿	十一月甲戌	
王掞		
溫達	十月乙酉遷。己	
王鴻緒		
傅繼祖		
李錄予	三月丁亥罷。	
杜敏		右侍郎。
王九齡	四月遷。辛亥，	
穆丹		
范承烈		
巴錫	十一月癸酉免。	
汪霦	正月己丑革。二	
邵穆布	十二月辛巳	
王頊齡		
鐵圖	遷。十二月丁亥，	
胡會恩		
滿闢	八月己亥，殷	
梅鋗	四月乙未遷。乙	
殷特布	八月己亥遷。	布兵部右侍郎。
曹鑑倫	四月乙卯遷。	
魯瑚	十月庚子降。丙	
卞永譽		
常綬	十月壬子遷。巢	
張睿		
穆和倫		
李元振		
巢可托	十月遷。十二	
彭會淇	三月乙亥免。	酉，彭會淇工部右侍郎。

康熙四十六	
溫達十二月	溫達吏部尚書。
宋犖	
正月庚午，希	遷。
徐潮	
凱音布	巳，凱音布禮部尚書。
李振裕	
馬爾漢二十	
金世榮降。十	金世榮兵部尚書。
阿山五月丙	乙休。阿山刑部尚書。
王掞	
希福納正月	丑，希福納工部尚書。
王鴻緒	
傅繼祖	
王九齡十二	四月辛亥，王九齡吏部左侍郎。
杜敏	
張廷樞	張廷樞吏部右侍郎。
穆丹	
范承烈二月	
赫碩咨正月	
汪晉徵二月	月癸巳，汪晉徵戶部右侍郎。
鐵圖	遷。丁亥，鐵圖禮部左侍郎。
王項齡	
赫壽	赫壽禮部右侍郎。
胡會恩	
殷特布	特布兵部左侍郎。
曹鑑倫	卯，曹鑑倫兵部左侍郎。
恩丕	恩丕兵部右侍郎。
蕭永藻正月	蕭永藻兵部右侍郎。
魏齊	午，魏齊刑部左侍郎。
卞永譽	
巢可托六月	可托刑部右侍郎。
張睿	
穆和倫	
李元振七月	
莫音代	月丁亥，莫音代工部右侍郎。
周清原五	四月，周清原工部右侍郎。

年丁亥

丙戌遷。馬爾漢吏部尚書。

福納戶部尚書。

月丙戌遷。耿額兵部尚書。

月庚子，蕭永藻兵部尚書。

子免。六月癸未，耿額刑部尚書。十二月丙戌

庚午遷。赫碩咨工部尚書。

月己亥遷。

遷。己丑，汪晉徵戶部左侍郎。

戶部右侍郎。庚午遷。辛巳，赫申戶部右侍郎。

遷。許汝霖戶部右侍郎。

辛巳遷。二月己丑，范承烈兵部右侍郎。五月

遷。丁酉，牛祜納刑部右侍郎。

己巳休致。八月庚辰，李旭升工部左侍郎。

月丙子，李旭升工部右侍郎。八月遷。庚辰，阮

康熙四十七年	
馬爾漢	
宋犖　閏三月庚	
希福納	
徐潮　四月己酉	
凱音布　四月乙	
李振裕	
耿額	
蕭永藻	
巢可托	遷。巢可托刑部尚書。
王掞　十月乙卯	
赫碩咨	
王鴻緒　五月調。	
傅繼祖　閏三月	
張廷樞　正月戊	
杜敏	
張廷樞　遷。正月	
穆丹　五月戊戌	
汪晉徵	
赫申	
許汝霖	
鐵圖	
王項齡	
赫壽　五月壬寅	
胡會恩	
殷特布	
曹鑑倫　正月遷。	
恩丕	
王國安　正月乙	丙子遷。六月壬午，王國安代。
魏齊	
卞永譽	
牛祜納	
張睿	
穆和倫　四月遷。	
李旭升	
莫音代　四月壬	
阮爾詢	爾詢工部右侍郎。

康熙	戊子
馬爾	
徐潮	子致仕。四月己酉，徐潮吏部尚書。
希福	
王鴻	遷。五月甲申，王鴻緒戶部尚書。
富寧	亥乞休。五月己酉，富寧安禮部尚書。
李振	
耿額	
蕭永	
巢可	
張鵬	調。張鵬翮刑部尚書。
赫碩	
王掞	十月乙卯，王掞工部尚書。
穆丹	甲辰免。四月壬子，穆和倫吏部左侍郎。
張廷	辰，吏部左侍郎。
杜敏	
曹鑑	戊辰，曹鑑倫吏部右侍郎。
赫壽	遷。壬寅，赫壽戶部左侍郎。
汪晉	
赫申	
許汝	
鐵圖	
王頊	
二鬲	遷。十月己酉，二鬲禮部右侍郎。
胡會	
殷特	
王國	乙亥，王國安兵部左侍郎。
恩丕	
鹿祐	亥遷。鹿祐兵部右侍郎。
魏齊	
卞永	
牛祜	
張睿	
莫音	壬子，莫音代工部左侍郎。
李旭	
揆敍	子遷。揆敍工部右侍郎。
阮爾	

四十八年己丑

漢|正月乙未乞休。三月己亥，富|寧|安|吏部尚書。

納|

緒|正月乙未免。二月庚午，張|鵬|翮|戶部尚書。

安|三月遷。四月庚戌，穆|和|倫|禮部尚書。

裕|正月乙未免。二月庚午，許|汝|霖|禮部尚書。

藻|

托|免。七月庚寅，齊|世|武|刑部尚書。

翮|二月庚午調。張|廷|樞|刑部尚書。

咨|

四月庚戌遷。丙辰，赫|壽|吏部左侍郎。

樞|二月遷。三月戊寅，曹|鑑|倫|吏部左侍郎。

九月革。十一月丁亥，恩|丕|吏部右侍郎。

倫|三月遷。戊寅，徐|元|正|吏部右侍郎。

四月丙辰遷。噶|禮|戶部左侍郎。七月辛卯遷。八

徵|十二月，張|世|爵|戶部侍郎。

八月己亥遷。能|泰|戶部右侍郎。

霖|二月庚午遷。三月戊寅，張|世|爵|戶部右侍郎。

齡|

恩|

布|

安|七月辛巳，鹿|祜|兵部左侍郎。九月戊寅遷。

十一月遷。辛卯，滿|篤|兵部右侍郎。

七月辛巳遷。李|先|復|兵部右侍郎。九月甲申遷。

譽|

納|

代|七月庚寅，拉|都|渾|工部左侍郎。

升|

詢|

康熙四十九年	
富寧安	
徐潮四月丁酉	
希福納九月辛	
張鵬翮	
穆和倫九月辛	
許汝霖十一月	
耿額	
蕭永藻四月乙	
齊世武	
張廷樞六月戊	
赫碩咨	
王掞四月庚戌	
赫壽	
曹鑑倫	
恩丕五月庚午	
徐元正正月癸	
赫申十月癸酉	月己亥，赫申代。
張世爵	
能泰三月丁亥	
王度昭九月丙	十二月遷。王度昭戶部右侍郎。
鐵圖四月癸亥	
王頊齡	
二鬲	
胡會恩	
殷特布	
李先復	甲申，李先復兵部左侍郎。
滿篤	
宋駿業	宋駿業兵部右侍郎。
魏齊	
卞永譽	
牛祜納	
張睿卒。正月癸	
拉都渾七月庚	
李旭升	
揆敍七月遷。庚	
阮爾詢	

庚寅

免。乙巳，蕭永藻吏部尚書。
亥革。辛酉，穆和倫戶部尚書。

酉遷。貝和諾禮部尚書。
乙未免。癸卯，王掞禮部尚書。

巳遷。庚戌，王掞兵部尚書。十一月遷。丁未，孫

午革。十一月丁卯，郭世隆刑部尚書。

遷。十一月癸丑，徐元正工部尚書。

遷。丙子，哈山吏部右侍郎。
巳遷。四月乙巳，仇兆鼇吏部右侍郎。
乞休。辛巳，塔進泰戶部左侍郎。

革。四月壬寅，塔進泰戶部右侍郎。十月辛巳
午遷。十月戊辰，施世綸戶部右侍郎。十一月
革。五月庚午，恩丕禮部左侍郎。十二月戊寅

巳，艾芳曾刑部右侍郎。
辰遷。揆敍工部左侍郎。

辰，張額工部右侍郎。

康熙五十年辛卯	
富寧安	
桑額	
穆和倫	
張鵬翮	
貝和諾十月丙辰	
王掞	
耿額十月壬午革。	
孫徵灝	徵灝兵部尚書。
齊世武十月壬午	
郭世隆十月革。十	
赫碩咨	
徐元正	
哈山正月己酉，吏	
曹鑑倫卒。四月庚	
哈山正月己酉遷。	
仇兆鼇正月庚午	
塔進泰	
張世爵六月卒。七	
鄂奇四月庚申遷。	遷。鄂奇代。
石文桂二月丁丑	甲辰遷。石文桂戶部右侍郎。
二鬲正月己酉，禮	遷。
王頊齡	
二鬲正月己酉遷。	
胡會恩正月己酉	
殷特布三月遷。四	
李先復	
滿篤四月庚申遷。	
宋駿業	
魏齊二月癸未休	
卞永譽十月辛酉	
牛鈕納三月乙未	
艾芳會	
揆敘	
李旭升十月辛酉	
張額	
阮爾詢十月辛未	

革。丁巳，嵩祝禮部尙書。

十一月丙戌，殷特布兵部尙書。

革。十一月丙戌，哈山刑部尙書。

一月，吳一蜚刑部尙書。

部左侍郎。十一月遷。壬辰，孫杜吏部左侍郎。

申，陳元龍吏部左侍郎。八月辛酉遷。癸酉，吳

傅紳吏部右侍郎。

乞休。丁丑，陳元龍吏部右侍郎。四月庚申，吳

月辛亥，葉九思戶部左侍郎。

噶敏圖戶部右侍郎。

遷。己酉，吳一蜚戶部右侍郎。四月庚申遷。乙

部左侍郎。

馮忠禮部右侍郎。

遷。胡作梅禮部右侍郎。

月庚申，滿篤兵部左侍郎。十一月壬辰遷。覺

鄂奇兵部右侍郎。五月己丑革。辛丑，覺和托

致。牛祜納刑部左侍郎。

休致。李旭升刑部左侍郎。十一月乙未遷。

遷。覺羅法喇刑部右侍郎。

遷。辛未，阮爾詢工部左侍郎。

遷。劉謙工部右侍郎。

一蜚吏部左侍郎。十一月癸未，遷。胡會恩代。

一蜚吏部右侍郎。八月丁巳，胡會恩代。九月，

丑，李仲極戶部右侍郎。

和托兵部左侍郎。

兵部右侍郎。十一月乙未，遷。巴顏住兵部右

	康熙五十一年壬辰
	富寧安
	桑額 四月丙子，吳一蜚吏部尚
	穆和倫
	張鵬翮
	嵩祝 四月乙亥遷。赫碩咨禮部尚
	王掞 四月乙亥遷。陳詵禮部尚書。
	殷特布
	孫徵灝
	哈山
	吳一蜚 四月丙子遷。胡會恩刑部
	赫碩咨 四月乙亥遷。滿篤工部尚
	陳詵 四月乙亥遷。張廷樞工部尚
	孫柱
	胡會恩 四月丙子遷。五月，李旭升
	傅紳
李旭升代。	李旭升 五月己丑遷。王項齡吏部
	塔進泰
	葉九思 四月丙子，王原祁戶部
	噶敏圖
	李仲極 四月壬申革。丙子，廖騰煃
	二鬲
	王項齡 五月己丑遷。王思軾禮部
	馮忠
	胡作梅
	覺和托
	李先復
侍郎。	巴顏住
	宋駿業
	牛祜納 二月庚申，覺羅法喇刑
	艾芳曾 四月丙子，刑部左侍郎。
	覺羅法喇 二月遷。庚申，薩爾臺刑
	艾芳曾 四月丙子遷。張志棟刑部
	揆敍 十月丙寅遷。己巳，張額工部
	阮爾詢
	張額 十月己巳遷。馬進泰工部右
	劉謙

書。

書。

尚書。
書。
書。

吏部左侍郎。

右侍郎。

左侍郎。

戶部右侍郎。

左侍郎。

部左侍郎。四月戊午，薩爾臺刑部左侍郎。

部右侍郎。四月戊午遷。博音岱刑部右侍郎。
右侍郎。
左侍郎。

侍郎。

康熙五十二年癸巳

富寧安
吳一蜚 五月丙戌卒。十月丙子，張鵬翮吏部尚
穆和倫
張鵬翮 十月丙子遷。趙申喬戶部尚書。
赫碩咨
陳詵
殷特布
孫徵灝
哈山 十二月革。
胡會恩 五月戊寅假免。
滿篤 十二月降。己卯，赫奕工部尚書。
張廷樞 五月丙戌遷。王頊齡工部尚書。
孫柱
李旭升
傅紳
王頊齡 五月丙戌遷。辛卯，湯右曾吏部右侍郎。
塔進泰
王原祁
噶敏圖
廖騰煃
二鬲
王思栻
馮忠 十月遷。癸未，荊山禮部右侍郎。
胡作梅
覺和托
李先復
巴顏住
宋駿業 卒。五月丙戌，田從典兵部右侍郎。
薩爾臺
艾芳曾
博音岱
張志棟 革。正月戊申，王企靖刑部右侍郎。十二
張額 十二月辛卯遷。舒蘭工部左侍郎。
阮爾詢
馬進泰 十一月甲寅降。十二月己卯，舒蘭工部
劉謙 十月丙子遷。崔徵璧工部右侍郎。

康熙五十	
富寧安	
張鵬翮	書。
穆和倫	
趙申喬	
赫碩咨	
陳詵	
殷特布	
孫徵灝	
賴都正月	
張廷樞	
赫奕	
王頊齡	
孫柱	
李旭升	
傅紳	
湯右曾	
塔進泰四	
王原祁	
噶敏圖四	
廖騰煃	
二鬲	
王思栻	
荆山	
胡作梅	
覺和托	
李先復	
巴顏住	
田從典	
薩爾臺	
艾芳曾	
博音岱	
李濤	月辛卯革。甲午，李濤刑部右侍郎。
蘭舒十月	
阮爾詢	
常泰二十	右侍郎。甲午遷。常泰工部右侍郎。
崔徵璧	

三年甲午

甲子，刑部尚書。

月乙亥乙休。辛巳，噶敏圖戶部左侍郎。

月辛巳遷。鄂奇戶部右侍郎。六月遷。十二月

降。十二月甲戌，常泰工部左侍郎。

月遷。甲戌，滿丕工部右侍郎。

十二月乙亥，王度昭工部右侍郎。

康熙五十四年	
富寧安	
張鵬翮	
穆和倫	
趙申喬	
赫碩咨	
陳詵	
殷特布	
孫徵灝	
賴都	
張廷樞	
赫奕	
王頊齡	
孫柱	
李旭升	
傅紳	
湯右曾	
噶敏圖十二月	
王原祁	
傅爾笏納	甲戌，傅爾笏納戶部右侍郎。
廖騰煃十一月	
二鬲	
王思軾	
荊山	
胡作梅	
覺和托	
李先復	
巴顏住十一月	
田從典	
薩爾臺	
艾芳曾	
博音岱十一月	
李濤四月乙酉	
常泰	
阮爾詢	
滿丕	
王度昭	

乙未

甲申遷。

甲子乞休。十二月甲申，呂履恆戶部右侍郎。

戊戌革。癸卯，党阿賴兵部右侍郎。

戊戌革。己酉，明安刑部右侍郎。
假免。五月戊午，李華之刑部右侍郎。

康熙五十五年丙申

富寧安

張鵬翮

穆和倫　五月辛酉,復爲戶部尚書。

趙申喬

赫碩咨　六月己丑革。丁酉,荆山禮部尚書。

陳詵

殷特布

孫徵灝　十月卒。壬辰,趙弘燦兵部尚書。

賴都

張廷樞

赫奕　五月丁丑革。孫渣齊工部尚書。

王頊齡

孫柱

李旭升

傅紳

湯右曾

傅爾笏納　五月,戶部左侍郎。

梁世勳　六月壬辰,戶部左侍郎。

傅爾笏納　五月遷。敦稗戶部右侍郎。

呂履恒

二鬲　十二月乙巳,薩哈布禮部左侍郎。

王思栻

荆山　六月遷。十月壬辰,薩哈布禮部右侍郎。十

胡作梅

覺和托　四月卒。辛丑,党阿賴兵部左侍郎。

李先復

党阿賴　四月遷。辛丑,查弼納兵部右侍郎。

田從典

薩爾臺　二月乙丑休致。五月癸亥,阿錫鼐刑部

艾芳曾

明安　五月卒。癸亥,劉相刑部右侍郎。

李華之

常泰

阮爾詢　十月卒。壬辰,郝林工部左侍郎。

滿丕

王度昭　十月癸丑憂免。十一月丁巳,李錫工部

	康熙五十六年丁
	富寧安
	張鵬翮
	穆和倫
	趙申喬
	荊山三月卒。四月
	陳詵
	殷特布四月丙申
	趙弘燦卒。四月丙
	賴都
	張廷樞
	孫渣齊
	王頊齡
	孫柱四月遷。甲辰,
	李旭升
	傅紳
	湯右曾
	傅爾笏納
	梁世勳
	敦稗
	呂履恆四月辛丑
	薩哈布
	王思栻
二月遷。羅瞻禮部右侍郎。	羅瞻
	胡作梅
	党阿賴
	李先復
	查弼納
	田從典
左侍郎。	阿錫鼐
	艾芳曾
	劉相
	李華之
	常泰
	郝林
	滿丕
右侍郎。	李錫九月革。十月

酉

丙申，殷特布禮部尚書。六月乙未革。十月丙

遷。孫柱兵部尚書。

申，范時崇兵部尚書。

色爾圖吏部左侍郎。

降。十月丁未，王景曾戶部右侍郎。

丁未，王懿工部右侍郎。

	康熙五十七年戊戌
	富寧安
	張鵬翮
	穆和倫
	趙申喬
午，吞珠禮部尚書。	吞珠八月甲午卒。十月丙
	陳詵
	孫柱
	范時崇
	賴都
	張廷樞
	孫渣齊四月甲午遷。五月
	王頊齡八月丙戌遷。陳元
	色爾圖
	李旭升
	傅紳
	湯右曾
	傅爾笏納
	梁世勳十月丙午，王景
	敦稗
	王景曾十月丙午遷。李永
	薩哈布
	王思軾
	羅瞻
	胡作梅卒。十一月戊寅，景
	党阿賴五月遷。九月丙戌，
	李先復
	查弼納
	田從典
	阿錫鼐
	艾芳曾卒。二月壬午，李華
	劉相
	李華之二月壬午遷。周道
	常泰
	郝林
	滿丕
	王懿

午，貝和諾禮部尚書。

癸丑，徐元夢工部尚書。

龍工部尚書。

曾戶部左侍郎。庚午，李永紹戶部左侍郎。

紹戶部右侍郎。庚午遷。王企靖戶部左侍郎。

日吟禮部右侍郎。

查克旦兵部左侍郎。

之刑部左侍郎。

新刑部右侍郎。

康熙五十八年己亥
富寧安
張鵬翮
孫渣齊
趙申喬
貝和諾
陳詵十一月丙子致仕。十二月壬寅，蔡升元禮
孫柱
范時崇
賴都
張廷樞
徐元夢
陳元龍
色爾圖三月乙未罷。四月癸丑，勒什布吏部左
李旭升
傅紳
湯右曾
傅爾笏納十一月辛未革。庚寅，敦稗戶部左侍
李永紹
敦稗十一月庚寅遷。赫成額戶部右侍郎。
王企靖
薩哈布
王思栻
羅瞻
景日昣
查克旦
李先復
查弼納
田從典十二月遷。己卯，王度昭兵部右侍郎。
阿錫鼐
李華之
劉相
周道新
常泰六月革。丁巳，滿丕工部左侍郎。
郝林
滿丕六月丁丑遷。穆爾台工部右侍郎。
王懿

	康熙五十九年庚子	
	富寧安	
	張鵬翮	
	孫渣齊	
	趙申喬	十月甲寅卒。十一月戊寅，田
	貝和諾	
部尚書。	蔡升元	
	孫柱	
	范時崇	十月甲寅予告。癸亥，白潢兵
	賴都	
	張廷樞	
	徐元夢	
	陳元龍	
侍郎。	勒什布	
	李旭升	
	傅紳	
	湯右曾	
郎。	敦稗	
	李永紹	
	赫成額	
	王企靖	七月戊子遷。白潢戶部右侍
	薩哈布	
	王思栻	
	羅瞻	
	景日眕	
	查克旦	
	李先復	
	查弼納	
	王度昭	
	阿錫鼐	
	李華之	五月己卯休致。戊子，張廷玉
	劉相	
	周道新	
	滿丕	
	郝林	
	穆爾台	
	王懿	

從典戶部尚書。

部尚書。

郎。十月甲寅遷。十二月癸巳，張伯行戶部右

刑部左侍郎。

	康熙六十年辛丑
	富寧安
	張鵬翮　閏六月庚申，孫柱兼吏部尚
	孫渣齊
	田從典
	貝和諾　四月丁酉，賴都禮部尚書。
	蔡升元　閏六月庚午假。十二月丁丑，陳
	孫柱
	白潢
	賴都　四月丁酉遷。托賴刑部尚書。
	張廷樞
	徐元夢
	陳元龍　十二月遷。
	勒什布
	李旭升
	傅紳
	湯右曾　六月乙未解。閏六月丁巳，張
	敦稗
	李永紹　王景曾六月丁巳遷。
	赫成額
侍郎。	張伯行
	薩哈布
	王思栻
	羅瞻
	景日昣
	查克旦
	李先復
	查弼納
	王度昭
	阿錫鼐
	張廷玉　六月遷。丁巳，王景曾刑部左侍
	劉相
	周道新
	滿丕
	郝林
	穆爾台　閏六月甲戌，長壽工部右侍
	王懿

	康熙六十一年壬寅
	富寧安十二月甲子遷。隆
書。	孫柱
	孫渣齊
	田從典
	賴都五月壬辰降。十一月
元龍禮部尚書。	陳元龍十二月丙寅，張
	孫柱
	白潢
	托賴
	張廷樞
	徐元夢
	李先復正月乙巳，工部尚
	勒什布
	李旭升
	傅紳
廷玉吏部右侍郎。	張廷玉
	敦稗十月丙寅，吳爾泰
	李周望十二月甲寅，戶部
	赫成額
	張伯行
	薩哈布
	王思軾
	羅瞻
	景日昣
	查克旦
	李先復遷。十一月庚戌，勵
	查弼納十月遷。阿克敦兵
	王度昭
	阿錫鼐
郎。	王景曾
	劉相
	周道新十一月丙子，黃
	滿丕
	郝林
郎。	長壽
	王懿

科多吏部尚書。

庚戌，蘇庫禮部尚書。

廷玉禮部尚書。

書。

戶部左侍郎。

左侍郎。

廷儀兵部左侍郎。

部右侍郎。

叔琳刑部右侍郎。

清史稿卷一百八十一

表二十一

部院大臣年表二下

康熙元年壬寅
理藩院尚書
理藩院左侍郎
理藩院右侍郎
都察院滿左都御史
都察院漢左都御史
都察院滿左副都御史
都察院滿左副都御史
都察院漢左副都御史
都察院漢左副都御史
康熙二年癸卯
理藩院尚書
理藩院左侍郎
理藩院右侍郎
都察院滿左都御史
都察院漢左都御史
都察院滿左副都御史
都察院滿左副都御史
都察院漢左副都御史
都察院漢左副都御史
康熙三年甲辰
理藩院尚書
理藩院左侍郎
理藩院右侍郎
都察院滿左都御史
都察院漢左都御史
都察院滿左副都御史
都察院滿左副都御史
都察院漢左副都御史
都察院漢左副都御史

博羅色冷
綽克托
達哈塔
寧古里七月遷。八月丙辰，覺羅雅布蘭左都御
魏裔介
圖爾特
覺羅碩博會
董安國正月壬辰，左副都御史。
楊時薦五月遷。六月乙巳，曹國柄左副都御史。
博羅色冷
綽克托
達哈塔
覺羅雅布蘭
魏裔介五月遷。龔鼎孳六月戊申，左都御史。
圖爾特六月遷。甲子，額赫里左副都御史。
覺羅碩博會
董安國
曹國柄十月遷。丁卯，董篤行左副都御史。
博羅色冷
綽克托
達哈塔
覺羅雅布蘭
龔鼎孳
額赫里
覺羅碩博會
董安國
董篤行

康熙四年乙巳

博羅色冷

綽克托

達哈塔

覺羅雅布蘭 史。

龔鼎孳 正月壬辰，郝惟訥左都御史。

額赫里

覺羅碩博會

董安國

董篤行

康熙五年丙午

喀蘭圖

綽克托

達哈塔

覺羅雅布蘭 七月丁未卒。尼滿左都御史。

郝惟訥 六月癸酉遷。七月庚辰，朱之弼左

額赫里

覺羅碩博會

董安國 十一月遷。己亥，宋徵輿左副都御

董篤行

康熙六年丁未

喀蘭圖

綽克托

達哈塔

尼滿

王熙

額赫里 正月己卯遷。丁酉，莫洛左副都御

覺羅碩博會 三月辛巳降。丁亥，納布左副

宋徵輿 八月卒。甲子，左敬祖左副都御史。

董篤行

都御史。十月遷。十一月丁丑，王熙左都御史。

史。

史。

都御史。

康熙七年戊申
喀蘭圖
綽克托
達哈塔
尼滿
王熙　九月甲辰遷。辛亥，馮溥左都御史。
莫洛　正月戊申遷。丙辰，哲庫訥左副都御史。
納布　十二月遷。己丑，阿思祜左副都御史。
左敬祖　四月癸酉病免。癸未，金世德左副都御
董篤行　十一月癸亥休致。癸亥，馬紹曾左副都

康熙八年己酉
喀蘭圖
綽克托　六月乙亥革。乙酉，達哈塔理藩院左侍
達哈塔　六月乙酉，阿穆瑚瑯理藩院右侍郎。
尼滿　九月免。甲寅，明珠左都御史。
馮溥
哲庫訥　九月壬辰免。十二月，覺羅阿範左副都
阿思祜　九月壬辰免。甲寅，鄂善左副都御史。
王光裕　正月甲寅，左副都御史。
馬紹曾

康熙九年庚戌
喀蘭圖
達哈塔
阿穆瑚瑯
明珠
馮溥　三月遷。癸酉，杜篤祜左都御史。十一月免。
覺羅阿範
鄂善　四月遷。五月丙寅，岳諾惠左副都御史。
王光裕
馬紹曾　五月遷。丁卯，高珩左副都御史。

康熙十年辛亥	
喀蘭圖五月庚申乞	
達哈塔	
阿穆瑚琳五月遷。六	
明珠十一月遷。十二	
艾元徵	
覺羅阿範	
岳諾惠	
王光裕二月己丑遷。	史。十二月己丑遷。
高珩二月丙午遷。楊	御史。

康熙十一年壬子	
阿穆瑚琳	
達哈塔	郎。
博羅特	
多諾	
艾元徵三月己酉遷。	
覺羅阿範	御史。
岳諾惠	
上官鉉四月己卯,	
黃道行二月辛巳遷。	

康熙十二年癸丑	
阿穆瑚琳	
達哈塔	
博羅特	
多諾	
杜篤祜二月壬寅乞	癸酉,艾元徵左都御史。
覺羅阿範二月遷。丁	
岳諾惠	
任克溥二月壬子遷。	
陳一炳四月遷。五月	

休。戊寅，阿穆瑚瑯理藩院尚書。

月癸巳，博羅特理藩院右侍郎。

月戊寅，多諾左都御史。

壬寅，佟弘器左副都御史。十一月遷。甲子，上

永寧左副都御史。五月壬戌遷。壬申，姚文然

庚申，杜篤祜左都御史。

王秉仁左副都御史。七月壬子遷。庚申，任克

戊戌，李之芳左副都御史。十月壬子，奉天府

休。辛亥，吳正治左都御史。五月遷。六月乙巳，

卯，額星格左副都御史。

四月甲寅，錢綎左副都御史。八月乙巳，嚴沆

壬午，徐繼煒左副都御史。七月遷。丁酉，李贊

官鉉左副都御史。

代。十一月遷。辛未，黃道行代。

溥左副都御史。

府尹陳一炳代。

冀如錫左都御史。九月遷。庚寅，劉鴻儒左都御

左副都御史。

元左副都御史。

康熙十三年甲	
阿穆瑚瑯	
達哈塔	
博羅特	
多諾	
姚文然	
額星格	
岳諾惠	
嚴沆十月癸丑	
李贊元正月辛	

康熙十四年乙	
阿穆瑚瑯	
達哈塔	
博羅特	
多諾十二月庚	
姚文然	
額星格閏五月	
岳諾惠四月遷。	
金儁	
田六善	

康熙十五年丙	
阿穆瑚瑯	
博羅特	
介山	
姚文然八月	史。降。壬子，姚文然左都御史。
達哈塔	
莽色	
金儁	
田六善	

寅

遷。十二月甲午，田六善左副都御史。

未遷。己卯，于可託左副都御史。十一月甲子

卯

申革。壬申，介山左都御史。

戊戌遷。乙卯，達哈塔左副都御史。

庚戌，郭丕左副都御史。閏五月戊申遷。六月

辰

丙辰，陳敳永左都御史。

康熙十六年丁巳	
阿穆瑚瑯	
博羅特	
介山 四月遷。丁巳,	
陳敳永 四月遷。丙	
達哈塔 五月遷。戊	
莽色	
金儁 十二月己巳	
田六善 四月遷。甲	遷。癸酉,金儁左副都御史。
康熙十七年戊午	
阿穆瑚瑯	
達哈塔	
博羅特	
郭四海 正月壬辰,	
宋德宜 七月遷。壬	
碩甘 二月遷。戊午,	
莽色	癸亥,莽色左副都御史。
金鋐 正月己丑,左	
劉楗 七月丁巳遷。	
康熙十八年己未	
阿穆瑚瑯	
達哈塔	
博羅特	
覺羅舒恕 四月左	
魏象樞	
喀爾圖 四月戊子	
莽色	
楊雍建 正月癸卯,	
朱裴 正月遷。二月	

喀代左都御史。十月遷。

寅，宋德宜左都御史。

子，碩甘左副都御史。

遷。

戊，劉楗左副都御史。

左都御史。十二月遷。

戊，魏象樞左都御史。

喀爾圖左副都御史。

副都御史。

八月己巳，朱裴左副都御史。

都御史。

遷。五月己未，穆成左副都御史。八月卒。科爾

左副都御史。二月遷。四月庚辰，焦毓瑞左副

丁卯，馮汝騏左副都御史。五月遷。六月甲子，

坤|左副都御史。

都御史。五月遷。六月庚辰，郝浴|左副都御史。

施維翰|代。八月遷。十月丙寅，李仙根|代。

康熙十九年庚申

阿穆瑚瑯

達哈塔

阿喇尼 九月理藩院右侍郎。

覺羅舒恕 七月革。折爾肯左都御史。

魏象樞 十一月遷。十二月壬辰，徐元文左都御

科爾坤

莽色

郝浴 十二月遷。

李仙根

康熙二十年辛酉

阿穆瑚瑯

達哈塔 二月乞休。阿喇尼理藩院左侍郎。

阿喇尼 二月遷。己亥，愛明理藩院右侍郎。

折爾肯 三月遷。五月癸亥，薩穆哈左都御史。

徐元文

莽色

科爾坤 四月遷。五月乙丑，蘇拜左副都御史。

劉汝漢 正月癸未，左副都御史。四月遷。五月辛

李仙根 二月遷。三月戊寅，宋文運左副都御史。

康熙二十一年壬戌

阿穆瑚瑯

阿喇尼

明愛

達都 二月庚辰，左都御史。七月卒。庚戌，杭愛左

徐元文

莽色

塞克德 正月戊辰，左副都御史。

余國柱 正月丙子，馬世濟左副都御史。

宋文運 五月遷。六月己卯，吳琠左副都御史。

康熙	
阿穆	
阿喇	
明愛	
喀爾	
徐元	史。
莽色	
塞克	
馬世	
吳琠	

康熙	
阿穆	
阿喇	
明愛	
科爾	
徐元	
雅思	
塞克	
馬世	酉，余國柱左副都御史。
趙士	

康熙	
阿喇	
明愛	
喇巴	
達哈	都御史。十月遷。庚寅，喀爾圖左都御史。
陳廷	
拉篤	
席爾	
崔澄	
張可	

二十二年癸亥

瑚 琊

尼

圖 二月遷。己卯，禧佛左都御史。八月遷。癸亥，科

文

三 月遷。乙丑，雅思哈左副都御史。

德

濟

十 月丙辰憂免。十一月丁丑，趙士麟左副都御史

二十三年甲子

瑚 琊 九月，阿喇尼署理藩院尚書。

尼 八月遷。庚午，明愛理藩院左侍郎。

八月遷。庚午，喇巴克理藩院右侍郎。

坤 十二月遷。己酉，達哈塔左都御史。

文 降。正月丙戌，余國柱左都御史。八月遷。癸酉，

哈 五月己卯卒。丁丑，拉篤祜左副都御史。

德 正月丙寅免。二月丁未，席爾達左副都御史。

濟 四月壬戌遷。五月辛巳，張鵬左副都御史。八

麟 二月己酉遷。三月壬申，張可前左副都御史。

二十四年乙丑

尼

克

塔 九月己卯遷。十月甲辰，佛倫左都御史。

敬

祜

達 覺羅孫果

二 月壬辰遷。己亥，胡昇猷左副都御史。

前 二月遷。丙午，趙之鼎左副都御史。

康熙二十	
阿喇尼	
明愛二月	
喇巴克二	
佛倫六月	爾坤左都御史。
陳廷敬九	
拉篤祜七	
覺羅孫果	
胡昇猷閏	
趙之鼎十	史。

康熙二十	
阿喇尼	
喇巴克十	
拉篤祜五	
阿蘭泰二	
董訥三月	陳廷敬左都御史。
舒淑十月	
席珠二月	八月丙寅，覺羅孫果左副都御史。
徐元珙卒。	月辛巳遷。丙戌，崔澄左副都御史。
鄭重	

康熙二十	
阿喇尼	
額爾黑圖	
吳拉岱	
葛思泰二	
徐乾學二	
開音布二	
阿山	
徐誥武三	
鄭重三月	

五年丙寅

甲午休致。庚子,喇巴克理藩院左侍郎。

月遷。庚子,穆稱額理藩院右侍郎。四月遷。五月

乙亥遷。戊寅,阿蘭泰左都御史。

月丁未遷。庚戌,董訥左都御史。

月己丑遷。戊戌,舒淑左副都御史。

五月遷。丙戌,席珠左副都御史。

四月乙亥遷。五月乙酉,徐元珙左副都御史。

二月遷。癸亥,鄭重左副都御史。

六年丁卯

一月甲辰革。十二月乙丑,額爾黑圖理藩院左

月庚辰遷。吳拉岱理藩院右侍郎。

月辛酉遷。廖旦左都御史。九月戊子遷。葛恩泰

己丑遷。癸巳,王鴻緒左都御史。九月丙申遷。徐

戊辰免。壬申,開音布左副都御史。

辛酉遷。庚午,覺羅舜拜左副都御史。三月遷。乙

十月戊申,王遵訓左副都御史。十月乙亥遷。十

七年戊辰

二月壬子,文達理藩院右侍郎。

月甲子遷。三月乙亥,馬齊左都御史。

月己巳遷。六月戊辰,徐元文復爲左都御史。十

月辛酉遷。丁卯,噶爾圖左副都御史。六月壬寅

月乙未遷。壬寅,李廷松左副都御史。十二月癸

乙亥遷。己卯,王承祖左副都御史。十一月戊寅,

丙戌，覺羅孫果理藩院右侍郎。

侍郎。

左都御史。

乾學左都御史。

未，傅臘塔左副都御史。七月遷。己亥，阿山代。

一月庚辰，徐誥武左副都御史。

二月遷。

遷。丁未，噶世圖左副都御史。

卯遷。癸丑，衛執滿代。

王維珍左副都御史。

康熙二十八年己巳	
阿喇尼	
額爾黑圖	
吳拉里	
馬齊	
郭琇	五月丁未，左都御史。十月降。
噶世圖	七月遷。單壁左副都御史。
覺羅舒恕	閏三月遷。
吳琠	三月丁酉，左副都御史。四月丁亥遷。壬
李廻	四月戊辰，左副都御史。
康熙二十九年庚午	
阿喇尼	二月辛未，馬齊署。
額爾黑圖	
文達	
馬齊	
陳廷敬	二月戊子，左都御史。七月己亥遷。于
單壁	十月遷。十一月庚寅，朱都納左副都御
舒恕	
許三禮	三月遷。庚子，王士禛左副都御史。十
李廻	
康熙三十年辛未	
阿喇尼	正月免。乙卯，班迪理藩院尚書。
額爾黑圖	
文達	
馬齊	正月乙卯遷。六月癸亥，索諾和左都御
于成龍	
朱都納	四月遷。七月己巳，尹泰左副都御史。
舒恕	十一月遷。十二月甲申，佛保左副都御
胡昇猷	正月卒。乙卯，李元振左副都御史。
李廻	六月遷。七月己亥，衞既齊左副都御史。

康熙三十	
班迪	
額爾黑圖	
文達二月	
薩海	
于成龍十	
尹泰三月	
佛保	
李元振二	辰,許三禮左副都御史。
黃斐	

康熙三十	
班迪	
文達卒。四	
滿丕四月	
薩海	
董訥	成龍左都御史。
沈圖十一	史。
佛保十月	
嚴曾矩	月乙酉遷。十一月庚寅,胡昇猷代。
黃斐	

康熙三十	
班迪	
滿丕	
西拉	
薩海閏五	史。十一月遷。癸亥,薩海左都御史。
董訥三月	
碩羅三月	
沙哈里	史。
嚴曾矩	
黃斐	九月癸丑遷。戊辰,黃斐代。

一年壬申

二月戊戌，文達理藩院左侍郎。
戊戌遷。滿丕理藩院右侍郎。

二月壬午遷。辛卯，董訥左都御史。
遷。戊寅，噶爾薩左副都御史。五月卒。戊申，法

月遷。甲午，徐潮左副都御史。十月庚子遷。十

二年癸酉

月丁酉，滿丕理藩院左侍郎。
丁酉遷。西拉理藩院右侍郎。

月庚子遷。十二月癸酉，碩羅左副都御史。
壬申遷。沙哈里左副都御史。

三年甲戌

月辛未，予告。壬午，傅臘塔左都御史。
乙未革。乙丑，范承勳左都御史。六月丙辰遷。
休致。傅德左副都御史。六月丙午，阿山左

康熙三十四年	
班迪	
滿丕	
西拉	
傅臘塔	
蔣弘道	
阿山	爾哈代。十月遷。癸巳,沈圖代。
沙哈里卒。三月	
嚴曾矩	一月丙午,嚴曾矩代。
黃斐	

康熙三十五年	
班迪	
滿丕	
西拉	
傅臘塔	
蔣弘道六月己	
阿山六月遷。七	
席密圖七月戊	
嚴曾矩	
黃斐卒。十一月	

康熙三十六年	
班迪	
滿丕	
西拉正月己	
傅臘塔正月丁	
吳琠五月壬寅	七月丁卯,蔣弘道左都御史。
貝和訥正月丙	副都御史。
努赫五月丙子	
嚴曾矩五月遷。	
熊一瀟九月遷。	

乙亥

丁卯，席密圖左副都御史。

丙子

亥病免。壬子，吳璵左都御史。
月戊午，貝和訥左副都御史。
午遷。戊辰，努赫左副都御史。

辛巳，熊一瀟左副都御史。

丁丑

，巳安布祿理藩院右侍郎。
酉遷。辛丑，席爾達左都御史。九月乙巳遷。哈
遷。張鵬翮左都御史。
子遷。二月癸未，哈山左副都御史。六月遷。癸
遷。六月己酉，戴都里左副都御史。十一月丙
六月癸亥，劉元慧左副都御史。
丙午，錢三錫左副都御史。

雅爾圖左都御史。

亥，噶禮左副都御史。八月乙丑遷。丙寅，扎賴

午遷。壽鼐代。

左副都御史。十月己巳休致。壬戌，倫額特代。

康熙三十七年戊寅
班迪
滿丕
安布祿
哈雅爾圖
張鵬翮 七月遷。乙酉，王士禛左都御史。
額倫特
壽鼐
劉元慧 六月壬申，金璽左副都御史。八月辛
錢三錫 七月庚寅遷。丙申，吳涵左副都御史。

康熙三十八年己卯
班迪
滿丕
安布祿
哈雅爾圖 二月降。五月丁亥，馬爾漢左都御史。
王士禛 十一月己亥，王澤弘左都御史。
額倫特
壽鼐
梅鋗
吳涵 九月庚申遷。十月丙寅，王紳左副都御史。

康熙三十九年庚辰
班迪 九月丁巳，哈雅爾圖理藩院尚書。
滿丕
安布祿 十月乙丑遷。己巳，滿篤理藩院右侍郎。
哈雅爾圖 九月丁巳遷。十月乙丑，安布祿左都
王澤弘 六月己巳遷。李枏左都御史。
額倫特 十一月壬辰遷。丁酉，扎賴左副都御史。
壽鼐
梅鋗 十月丁亥遷。十一月戊戌，勵杜訥左副都
王紳 六月乙亥遷。庚寅，甘國樞左副都御史。

未遷。九月癸未，梅銷左副都御史。

十一月遷。己亥，哈雅爾圖復爲左都御史。

御史。

御史。

康熙四十年辛巳
哈雅爾圖
滿丕
滿篤
安布祿十一月辛亥遷。辛未，敦拜左都御史。
李柟
扎賴正月辛亥，辛寶左副都御史。乙卯遷。二
壽鼐十一月甲申休致。甲午，常綬左副都御史。
勵杜訥
甘國樞

康熙四十一年壬午
哈雅爾圖
滿丕三月遷。辛亥，滿篤理藩院左侍郎。
滿篤三月遷。辛亥，伊道理藩院右侍郎。
敦拜九月己巳遷。溫達左都御史。
李柟
葉舒
常綬三月遷。戊子，杜喀禪左副都御史。
勵杜訥
甘國樞六月遷。己未，張泰交左副都御史。己卯

康熙四十二年癸未
哈雅爾圖
滿篤
伊道
溫達
李柟
葉舒
杜喀禪
勵杜訥四月壬寅遷。五月己酉，陳論左副都御
張睿

月己未，岳蘭左副都御史。十一月甲申休致。

遷。張睿左副都御史。

史。九月丁卯遷。己卯，姜橚左副都御史。

康熙四十三年甲申	
哈雅爾圖	
滿篤	
伊道	
溫達 三月丙寅遷。四	
李柟 十月己巳致仕。	
葉舒 十二月壬申,	甲午,葉舒左副都御史。
杜喀禪 十二月壬	
姜櫄 三月遷。四月乙	
張睿 十二月己卯遷。	

康熙四十四年乙酉	
哈雅爾圖 正月庚	
滿篤	
伊道	
舒輅 五月戊寅革。九	
吳涵	
布爾賽 十月丙申遷。	
赫申	
傅作楫 五月革。汪晉	
陳詵 十一月庚辰遷。	

康熙四十五年丙戌	
阿靈阿	
滿篤	
伊道	
希福納 十月遷。戊戌,	
吳涵 三月致仕。四月	
董國禮 三月己未遷。	
赫申	
汪晉徵 二月遷。甲寅,	
周清原 四月遷。五月	

月壬申，舒輅左都御史。

己卯，吳涵左都御史。

布爾賽左副都御史。

申，赫申左副都御史。

亥，傅作楫左副都御史。

乙酉，李斯義左副都御史。壬辰遷。丙申，陳誂左

申，常恕理藩院尚書。十二月甲辰革。阿靈阿兼

月甲申，希福納左都御史。

丁巳，董國禮左副都御史。

徵左副都御史。

十二月癸巳，周清原左副都御史。

耿額左都御史。

乙未遷。梅鋗左都御史。

郭瑮左副都御史。四月癸巳遷。辛丑，慕成額左

江蘩左副都御史。

庚申，李旭升左副都御史。

	康熙四十
	阿靈阿
	滿篤
	伊道五月
	耿額六月
	梅鋗正月
	張額
	赫申正月
	江蘩
副都御史。	李旭升五

	康熙四十
理藩院尚書。	阿靈阿
	滿篤
	薦良
	富寧安五
	王九齡
	張額
	溫察
	江蘩十月
	宋駿業

	康熙四十
	阿靈阿
	滿篤十一
	薦良
	穆和倫四
	王九齡
副都御史。十一月癸亥遷。張額代。	張額
	溫察十一
	張世爵三
	宋駿業九

六年丁亥

丙子遷。六月癸未，鷹良理藩院右侍郎。
壬午遷。丁亥，巢可托左都御史。十二月遷。庚戌，
乙亥革。辛巳，蕭永藻左都御史。十月遷。十二月

辛巳遷。己丑，牛紐納左副都御史。六月遷。溫察

月遷。六月壬午，阮爾詢左副都御史。八月遷。十

七年戊子

月遷。辛卯，穆和倫左都御史。

壬子革。癸丑，勞之辨左副都御史。十一月辛巳

八年己丑

月辛卯遷。諾木齊岱理藩院左侍郎。

月甲辰遷。庚戌，穆丹左都御史。

月丙子休致。辛卯，蘇爾德左副都御史。
月戊寅遷。乙酉，李先復左副都御史。七月辛巳
月遷。癸巳，王度昭左副都御史。

康熙四	
阿靈阿	
諾木齊	
鷹良卒。	
穆丹	富寧安左都御史。
王九齡	己亥,王九齡代。
張額七	
蘇爾德	左副都御史。
艾芳曾	
王度昭	月庚子,宋駿業左副都御史。

康熙五	
阿靈阿	
諾木齊	
拉都渾	
穆丹	
趙申喬	
瓦爾達	
綽奇	
祖允圖	革。十二月壬戌,張世爵左副都御史。
左必蕃	

康熙五	
阿靈阿	
諾木齊	
博音岱	
滿篤四	
趙申喬	
瓦爾達	
綽奇十	
廖騰烓	遷。丙申,艾芳曾左副都御史。
左必蕃	

十九年庚寅

岱

七月庚辰，拉都渾理藩院右侍郎。

卒。正月癸巳，徐元夢左都御史。十月癸卯遷。

月遷。十月癸卯，瓦爾達左副都御史。

五月癸未遷。六月己丑，綽奇左副都御史。

正月癸巳遷。二月壬辰，祖允圖左副都御史。

正月遷。施世綸左副都御史。十月遷。丙子，左

十年辛卯

岱

九月丙午降。甲寅，博音岱理藩院右侍郎。

三月壬寅，開音布左都御史。十一月遷。壬辰，

十一月壬辰，廖騰煃左副都御史。

十一年壬辰

岱

四月戊午遷。二郎保理藩院右侍郎。

月戊午遷。丙子，穆丹左都御史。卒。十月丙寅，

月甲戌遷。十一月乙酉，明安左副都御史。

四月丙子遷。五月己丑，王企靖左副都御史。

免。四月丙子，田從典左副都御史。

康熙五十二年	
阿靈阿	
諾木齊岱	
二郎保　十月	
揆敍	
趙申喬　十月丙	十二月辛巳,趙申喬左都御史。
瓦爾達　五月壬	
明安　十一月	
王企靖　正月戊	
田從典　五月遷。	必蕃左副都御史。

康熙五十三年	
阿靈阿	
諾木齊岱	
拉都渾	
揆敍	滿篤左都御史。
劉謙	
阿錫賚　正月戊	
明安	
呂履恆　十二月	
李華之　正月戊	

康熙五十四年	
阿靈阿	
諾木齊岱	
拉都渾	
揆敍	揆敍左都御史。
劉謙　十月丁亥	
阿錫賚	
明安　十一月遷。	
董弘毅	
李華之　五月戊	

癸巳

辛丑，拉都渾理藩院右侍郎。

子遷。劉謙左都御史。

辰遷。乙巳，阿爾筏左副都御史。

丁巳，常泰左副都御史。十二月遷。

申遷。二月乙卯，崔徵璧左副都御史。十月遷。

辛丑，郝惟諤左副都御史。尋卒。九月庚戌，李

甲午

辰，左副都御史。

遷。董弘毅左副都御史。

辰，左副都御史。

乙未

革。十一月甲午，范時崇左都御史。

十二月甲子，劉相左副都御史。

午遷。壬戌，郝林左副都御史。

康熙五十五年丙	
阿靈阿 十一月卒。	
諾木齊岱	
拉都渾	
揆敍	
范時崇	
阿錫賚 五月遷。十	
劉相 五月遷。乙酉，	
董弘毅 八月乙卯	丁亥，呂履恆左副都御史。
郝林 十月遷。戊戌，	濤左副都御史。十二月遷。

康熙五十六年丁	
赫壽 四月丙申，理	
諾木齊岱 四月	
拉都渾 四月戊戌	
揆敍 正月卒。壬午，	
范時崇 四月丙申	
海壽 正月己卯，左	
楊柱	
余正健 二月辛亥	
周道新	

康熙五十七年戊	
赫壽	
拉都渾	
特古忒	
徐元夢 五月癸丑	
蔡升元	
覺羅蘇庫 十月癸	
楊柱	
江球	
周道新 二月遷。辛	

申

月壬辰，羅瞻左副都御史。十二月遷。

楊柱左副都御史。

降。十月壬辰，余正健左副都御史。

周道新左副都御史。

酉

藩院尚書。

戊戌，拉都渾理藩院左侍郎。

遷。特古忒理藩院右侍郎。

徐元夢左都御史。

遷。十月丁未，蔡升元左都御史。

副都御史。十月乙酉遷。壬辰，覺羅蘇庫左副

免。三月丁卯，王景曾左副都御史。十月丁未

戊

遷。戊辰，党阿賴左都御史。

丑遷。赫成額左副都御史。

卯，景日昣左副都御史。十一月戊寅遷。丙戌，

康熙五十八年己亥	
赫壽 十一月卒。	
拉都渾	
特古忒	
党阿賴	
蔡升元 十二月壬寅遷。	
赫成額 十一月庚寅遷。	
楊柱	
江球	
屠沂	

康熙五十九年庚子	
隆科多 十一月庚寅，理	
拉都渾	
特古忒	
党阿賴	
田從典 十一月戊寅遷。	
伊特海	都御史。
楊柱 九月戊子遷。十月	
江球	遷。十一月戊午，江球代。
屠沂 十一月戊寅遷。十	

康熙六十年辛丑	
隆科多	
拉都渾	
特古忒	
党阿賴 十一月辛丑乞	
朱軾	
伊特海	
牛鈕	
江球	
李紱 六月丙申革。十二	屠沂左副都御史。

康熙六十			
隆科多十		藩院尚書。	
拉都渾			
特古忒二			
安泰十一			休，十二月，安泰左都御史。
朱軾	己酉，田從典左都御史。	朱軾左都御史。	
伊特海十	十二月癸卯，伊特海左副都御史。		
牛鈕		己酉，牛鈕左副都御史。	
江球			
張大有三		二月癸巳，李紱左副都御史。	月丁丑，張大有左副都御史。

一年壬寅

二月遷。王允禩理藩院尚書。

二月，特古忒理藩院左侍郎。十二月，加尚書銜。

月遷。長壽理藩院右侍郎。

月遷。敦拜左都御史。

二月乙亥遷。

月丙戌遷。己亥，金應璧左副都御史。

清史稿卷一百八十二

表二十二

部院大臣年表三上

	雍正元年癸卯
吏部滿尚書	隆科多
吏部漢尚書	張鵬翮
戶部滿尚書	孫渣齊
戶部漢尚書	田從典
禮部滿尚書	覺羅蘇
禮部漢尚書	張廷玉
兵部滿尚書	孫柱
兵部漢尚書	白潢遷。
刑部滿尚書	托賴正
刑部漢尚書	張廷樞
工部滿尚書	徐元夢
工部漢尚書	李先復
吏部滿左侍郎	勒什布
吏部漢左侍郎	李旭升
吏部滿右侍郎	傅森
吏部漢右侍郎	王之樞
戶部滿左侍郎	吳爾泰
戶部漢左侍郎	李周望
戶部滿右侍郎	賴成額
戶部漢右侍郎	張伯行
禮部滿左侍郎	薩哈布
禮部漢左侍郎	王思軾
禮部滿右侍郎	羅瞻
禮部漢右侍郎	景日昣
兵部滿左侍郎	查克旦
兵部漢左侍郎	勵廷儀
兵部滿右侍郎	阿克敦
兵部漢右侍郎	王度昭
刑部滿左侍郎	阿錫鼐
刑部漢左侍郎	王景曾
刑部滿右侍郎	劉相九
刑部漢右侍郎	黃叔琳
工部滿左侍郎	滿丕正
工部漢左侍郎	郝林
工部滿右侍郎	常壽三
工部漢右侍郎	王懿卒。

二月壬子遷。九月壬午，田從典吏部尚書。

十月癸酉遷。徐元夢戶部尚書。

九月壬午遷。張廷玉戶部尚書。

庫九月庚寅休致。十月癸酉，阿爾松阿禮部尚

九月壬午遷。張伯行禮部尚書。

九月壬午，盧詢兵部尚書。

月壬寅降。二月辛亥，佛格刑部尚書。十二月免。

正月壬寅降。二月辛亥，勵廷儀刑部尚書。

十月癸酉遷。孫渣齊工部尚書。

三月壬寅，巴泰吏部左侍郎

二月己未休。三月庚寅，黃叔琳吏部左侍郎。

正月辛丑，吏部右侍郎。三月庚寅差。壬寅，史貽

七月甲午遷。常壽戶部左侍郎。

三月革。六月己未，托時戶部右侍郎。

九月壬午遷。景日昣戶部右侍郎。

七月甲午遷。登德禮部左侍郎。

三月辛巳致仕。癸巳，景日昣禮部左侍郎。九月

六月癸亥，三泰禮部右侍郎。

三月癸巳遷。蔣廷錫禮部右侍郎。

三月庚寅差。長壽兵部左侍郎。七月癸巳遷。伊

二月辛亥遷。張聖佐兵部左侍郎。六月丁卯，嵇

七月甲午免。牛鈕兵部右侍郎。

七月甲午乞休。李紱兵部右侍郎。

十月癸酉遷。馬爾齊哈刑部左侍郎。

九月壬午遷。涂天相刑部左侍郎。

月癸卯革。噶什圖刑部右侍郎。

三月遷。庚寅，盧詢刑部右侍郎。九月壬午遷。高

月遷。壬寅，登德工部左侍郎。七月甲午遷。尹泰

月遷。庚寅，尹泰工部右侍郎。七月甲午遷。薩爾

十一月丁酉，金世揚工部右侍郎。

雍正二	
隆科多	
田從典	
徐元夢	
張廷玉	
阿爾松	書。十二月遷。
張伯行	
孫柱	
盧詢	
阿爾松	阿爾松阿刑部尚書。
勵廷儀	
孫渣齊	
李先復	
巴泰十	
黃叔琳	
傅森	
史貽直	直署吏部右侍郎。
常壽	
李周望	
托時	
景日昤	
登德十	
王景曾	壬午遷。王景曾禮部左侍郎。
三泰	
蔣廷錫	
伊都立	都立兵部左侍郎。
嵇曾筠	曾筠兵部左侍郎。
牛鈕十	
李紱四	
馬爾齊	
涂天相	
噶什圖	
高其佩	其佩代。
阿錫鼐	工部左侍郎。十月癸酉遷。阿錫鼐代。
郝林免。	
薩爾納	納工部右侍郎。
金世揚	

年甲辰

六月遷。朱軾兼吏部尚書。

阿閏四月庚子休。塞爾圖禮部尚書。五月丙午

阿十月免。丙申，塞爾圖刑部尚書。

十月己丑革。綽奇工部尚書。
六月丙申致仕。七月己巳，李永紹工部尚書。
一月壬子遷。查郎阿吏部左侍郎。
三月戊午遷。丁卯，史貽直吏部左侍郎。

二月丁卯遷。沈近思吏部右侍郎。

六月癸未調。蔣廷錫戶部右侍郎。
二月甲戌遷。牛鈕禮部左侍郎。

六月癸未調。景日昣禮部右侍郎。
十一月壬寅遷。欽拜兵部左侍郎。

二月甲戌遷。傅鼐兵部右侍郎。
月丁未遷。楊汝穀兵部右侍郎。
哈
六月癸未降。黃炳刑部左侍郎。
二月壬戌遷。馬喇刑部右侍郎。十一月丁卯革。

二月辛酉革。薩爾納工部左侍郎。
三月戊寅，金世揚工部左侍郎。
二月辛酉遷。綽爾岱工部右侍郎。十一月壬子
三月戊寅遷。李鳳翥工部右侍郎。

雍正三年乙	
隆科多七月	
朱軾九月甲	
徐元夢	
張廷玉	
賴都	遷。十二月辛卯,賴都禮部尚書。
張伯行二卒。	
孫柱	
盧詢七月丙	
塞爾圖	
勵廷儀	
綽奇	
李永紹	
查郎阿	
史貽直十二	
福敏四月壬	
沈近思	
常壽	
李周望二月	
托時五月丙	
蔣廷錫三月	
牛鈕十二月	
王景曾免。四	
三泰	
景日昣十二	
欽拜	
嵇曾筠	
傅鼐十二月	
楊汝穀	
馬爾齊哈	
黃炳	
塞楞額	塞楞額刑部右侍郎。
高其佩	
薩爾納	
金世揚二月	
巴泰十月	改額外。巴泰工部右侍郎。
李鳳翥四月	

巳

壬子，差。癸丑，孫柱兼理吏部尚書。

寅，遷大學士，仍兼管吏部尚書。蔡珽吏部尚書，

月丁酉，李周望禮部尚書。

辰，蔡珽免。兵部尚書，仍兼左都御史。

月甲申，遷。張令璜吏部左侍郎。

午，吏部右侍郎。

丁酉，遷。三月壬寅，蔣廷錫戶部左侍郎。

辰，遷。塞德戶部右侍郎。

壬寅，遷。吳士玉戶部右侍郎。

丙戌，降。阿克敦禮部左侍郎。

月壬午，查嗣庭禮部左侍郎。

月甲申，假免。魏方泰禮部右侍郎。

丁酉，遷。莽鵠立兵部右侍郎。

十月庚午，綽爾岱刑部左侍郎。

壬辰，革。郝林工部左侍郎。

庚午，馬進泰工部右侍郎。

戊寅，降。年希堯工部右侍郎。十二月甲戌，革。甲

雍正四年丙午	
隆科多正月辛酉	
蔡珽七月辛亥解。	仍管兵部尚書、左都御史。
徐元夢八月己巳	
張廷玉二月辛卯,	
賴都	
李周望	
孫柱二月甲子遷。	
蔡珽十月降。壬午,	
塞爾圖	
勵廷儀	
綽奇	
李永紹	
查郎阿	
張令璜三月改。沈	
福敏二月甲子遷。	
沈近思三月遷。張	
常壽	
蔣廷錫二月辛卯	
塞德十月丁丑革。	
吳士玉	
阿克敦四月辛巳	
查嗣庭九月革。逮。	
三泰四月辛巳遷。	
魏方泰十二月戊	
欽拜二月庚寅革。	
嵇曾筠	
莽鵠立十月丁丑	
楊汝穀	
綽爾岱二月甲子	
黃炳	
塞楞額二月庚寅	
高其佩	
薩爾納二月戊寅	
郝林十月丁卯遷。	
馬進泰三月庚子	
史貽直十月遷。乙	申,史貽直工部右侍郎。

革。二月甲子，孫杜吏部尚書。七月辛亥解。查
楊名時吏部尚書。未任。九月，朱軾仍兼吏部。
革。
遷大學士，仍管戶部尚書。蔣廷錫戶部尚書。
法海兵部尚書。
蔣廷錫兼兵部尚書。十二月壬午，何天培兵
近思吏部左侍郎。
綽爾岱吏部右侍郎。七月戊戌，邁杜吏部右
令璜吏部右侍郎。七月戊戌降。王沛檀吏部
遷。裴俸度戶部左侍郎。
塞楞額戶部右侍郎。
遷。三泰禮部左侍郎。
十月丁卯，郝林禮部左侍郎。十一月庚戌致
塞楞額禮部右侍郎。十月丁丑遷。莽鵠立署
寅休致。壬午，劉師恕禮部右侍郎。
塞楞額兵部左侍郎。四月辛巳遷。阿克敦兵
遷。圖理琛兵部右侍郎。
遷。海壽刑部左侍郎。
遷。存杜刑部右侍郎。十一月庚戌降。莽鵠立
革。常保工部左侍郎。七月甲寅遷。明圖工部
乙酉，史貽直工部左侍郎。
革。邁杜工部右侍郎。七月甲寅遷。明圖工部
酉，劉師恕工部右侍郎。十二月壬午遷。李紱

雍正五	
查弼納	弼納吏部尚書。
楊名時	
朱軾	
蔣廷錫	
賴都八	
李周望	
法海八	
何天培	部尚書。
塞爾圖	
勵廷儀	
綽奇	
李永紹	
查郎阿	
沈近思	
邁柱閏	侍郎。
王沛憻	右侍郎。
常壽八	
吳士玉	
塞楞額	
三泰	
唐執玉	仕。癸亥，唐執玉吏部左侍郎。
永壽正	禮部右侍郎。
劉師恕	
阿克敦	部左侍郎。
嵇曾筠	
圖理琛	
楊汝穀	
海壽	
黃炳	
莽鵠立	刑部右侍郎。
高其佩	
鄂爾奇	左侍郎。九月辛丑降。壬寅，鄂爾奇代。
史貽直	
哲先七	右侍郎。甲寅遷。哲先代。
李紱八	工部右侍郎。

年丁未

四月降。福敏吏部尚書。

免。閏三月戊辰，宜兆熊吏部尚書。

月庚寅乞休。常壽禮部尚書。

月革。查弼納署兵部尚書。九月丙寅補。

四月己丑，黃國材署兵部尚書。

六月乙巳革。德明刑部尚書。

七月戊午降。己未，黃國材工部尚書。

四月己丑遷。壬寅，阿克敦吏部左侍郎。

正月丙辰，遷左都御史，仍兼吏部左侍郎。

三月遷。四月壬寅，岳爾岱吏部右侍郎。六月

三月甲辰，加左都御史銜致仕。庚戌，嵇曾筠

月庚寅遷。西琳戶部左侍郎。十一月丁巳遷。

遷。八月丁亥，史貽直戶部左侍郎。

四月己亥遷。布蘭泰戶部右侍郎。五月癸酉

十二月遷。

月甲寅，禮部右侍郎。四月壬寅遷。莽鵠立禮

十二月壬寅遷。錢以塏禮部右侍郎。

四月壬寅遷。圖理琛兵部左侍郎。六月甲寅

遷。三月庚戌，楊汝穀兵部左侍郎。

四月壬寅遷。永壽兵部右侍郎。六月甲寅遷。

三月庚戌遷。胡煦兵部右侍郎。

四月壬寅遷。塞爾臣刑部右侍郎。六月戊戌，

七月丙子免。單疇書刑部右侍郎。

八月丁亥遷。吳士玉工部左侍郎。

月癸酉革。法保工部右侍郎。

月丁亥革。申大成工部右侍郎。

戊申遷。甲寅,圖理琛吏部右侍郎。十二月庚子

吏部右侍郎。十二月遷。劉師恕代。

常德壽署戶部左侍郎。

遷。甲戌,傅泰戶部右侍郎。

部右侍郎。十一月庚辰遷。孫卓代。

遷。永壽兵部左侍郎。

那蘇圖兵部右侍郎。十二月壬午遷。圖理琛兵

西琳刑部右侍郎。八月庚寅遷。張保代。

雍正六年戊申		
福敏	四月癸卯革。查郎阿吏部	
宜兆熊	降。四月乙巳，嵇曾筠吏	
范時繹	三月戊午，戶部尚書。未	
蔣廷錫	三月戊午，遷大學士，仍	
常壽		
李周望	憂免。十月癸巳，石文焯	
查弼納	十一月戊子，稽查陝西	
何天培	二月丁未降。嵇曾筠兵	
德明		
勵廷儀	十月戊辰，加太子少傅。	
綽奇		
黃國材		
阿克敦	革。九月甲寅，宗室普泰	
嵇曾筠	二月丁未遷。何世堪吏	
舒楞額		遷。舒楞額代。
劉師恕	四月降。	
常德壽		
史貽直	八月辛卯遷。王璣戶部	
傅泰		
單疇書	七月甲寅，戶部右侍郎。	
三泰	四月遷。通智禮部左侍郎。	
錢以塏	正月丙子，禮部左侍郎。	
孫卓		
錢以塏	正月丙子遷。石文焯禮	
永壽		
楊汝穀		
圖理琛	二月庚戌革。三泰兵部	部右侍郎。
胡煦		
海壽	十月癸巳調。杭奕祿刑部	
黃炳	八月乙酉革。九月丙寅，繆	
張保	十月癸巳遷。海壽刑部右	
單疇書	七月甲寅遷。彭維新刑	
鄂爾奇	六月己丑遷。塞楞額工	
吳士玉	八月戊寅革。甲午，繆沅	
法保		
申大成	八月戊寅革。甲午，王承	

尚書，未任。傅爾丹署。十月丁酉，杭奕祿署吏部

部尚書，仍辦河工。十月丁酉，張廷玉署吏部尚

任。

兼管戶部尚書。

禮部尚書。

軍需。庚子，三泰署兵部尚書。

部尚書，未任。三月辛酉，何天培署。五月辛未革。

吏部左侍郎。

部左侍郎。

左侍郎。

六月己丑遷。鄂爾奇禮部左侍郎。

部右侍郎。三月辛未遷。彭維新禮部右侍郎。七

右侍郎。四月遷。六月，通智兵部右侍郎。

左侍郎。

沅刑部左侍郎。

侍郎。

部右侍郎。

部左侍郎。十月癸巳革。張保工部左侍郎。

工部左侍郎。九月遷。十月丁酉，汪漋工部左侍

烈工部右侍郎。

尚書。

書。

石文焯兵部尚書。十月癸巳遷。路振揚兵部尚書

月甲寅遷。蔡世遠禮部右侍郎。

郎。

	雍正七年己酉
	查郎阿
	嵇曾筠
	范時繹
	蔣廷錫
	常壽
	石文焯
	查弼納
書。	路振揚十一月丙子遷。馬會伯兵部尚書。
	德明
	勵廷儀
	綽奇
	黃國材四月戊戌革。李永陞工部尚書。
	宗室普泰
	史貽直
	舒楞額
	劉師恕二月戊戌，彭維新吏部右侍郎。
	常德壽
	王璣七月丙午革。劉聲芳戶部左侍郎。
	傅泰
	單疇書卒。十一月戊子，汪漋戶部右侍郎。
	鄂爾奇
	錢以塏
	孫卓
	蔡世遠
	永壽
	楊汝轂
	通智
	胡煦
	杭奕祿
	繆沅
	海壽
	彭維新二月戊戌遷。王承烈刑部右侍郎。
	張保九月甲戌革。馬蘭泰工部左侍郎。
	汪漋十一月戊子遷。王廷揚工部左侍郎。
	法保革。七月甲午，宗室塞爾赫署工部右
	王承烈二月戊戌遷。張大有工部右侍郎。

雍正八	
查郎阿	
嵇曾筠	
范時繹	
蔣廷錫	
常壽	
石文焯	
查弼納	
馬會伯	
德明五	
勵廷儀	
綽奇	
李永陞	
宗室普	
史貽直	
舒楞額	
劉師恕	
常德壽	
劉聲芳	
傅泰	
汪漋六	
鄂爾奇	
錢以塏	
孫卓	
蔡世遠	
永壽	
楊汝穀	
通智	
胡煦	
杭奕祿	
繆沅卒。	
海壽五	
張大有	十二月己未，張大有刑部右侍郎。
馬蘭泰	
王廷揚	
宗室塞	侍郎。十一月丁酉補。
何國宗	十二月己未遷。何國宗工部右侍郎。

年　庚戌

五月己巳免。癸酉，德明戶部尚書。

六月癸亥革。錢以塏禮部尚書。

七月癸丑，孫杜秉理兵部尚書。

六月癸亥革。唐執玉兵部尚書，未任。十二月

月癸酉遷。海壽刑部尚書。

六月己亥革。張大有工部尚書。

泰

六月癸亥遷。劉於義吏部左侍郎。十二月遷。

九月卒。傅泰戶部左侍郎。

五月，噶爾泰戶部右侍郎。

月己亥革。俞兆晟戶部右侍郎。

四月癸丑遷。杭奕祿禮部左侍郎。

六月癸亥遷。七月丁丑，蔡世遠禮部左侍郎。

七月丁丑遷。吳士玉禮部右侍郎。八月壬戌

四月癸丑遷。牧可登刑部左侍郎。

二月甲寅，張大有刑部左侍郎。六月己亥遷。

月癸酉遷。常賚刑部右侍郎。

二月甲寅遷。王國棟刑部右侍郎。

六月癸亥，孫嘉淦工部左侍郎。

爾赫四月癸丑遷。鄂爾奇工部右侍郎。

雍正九年辛亥	
查郎阿	
嵇曾筠	
德明	
蔣廷錫	
常壽 三月乙酉卒。	
錢以塏 九月丙戌	
查弼納 六月陣亡。	
唐執玉 九月丁亥	癸丑，朱軾兼理兵部尚書。
海壽	
勵廷儀 九月改吏	
綽奇 十二月辛	
張大有	
宗室普泰	
彭維新 正月辛卯，	
舒楞額	
彭維新 正月辛卯	
傅泰 十月甲戌遷。	
劉聲芳 正月乙亥	
俞兆晟 十一月己	
杭奕祿	
吳士玉 正月辛卯	八月壬戌革。吳士玉代。
孫卓	
王圖炳 六月乙卯	遷。王圖炳代。
永壽 卒。二月乙未，	
楊汝穀	
通智	
胡煦 正月辛未遷。	
牧可登 十二月辛	
王朝恩	王朝恩刑部左侍郎。
常賚 差。十一月丙	
王國棟	
馬蘭泰	
孫嘉淦	
鄂爾奇 三月，遷左	
何國宗 四月己巳	

三泰禮部尚書。
乞休。十月戊申,魏廷珍禮部尚書。
九月丁亥,鄂爾奇兵部尚書。
病免。十一月辛丑,史貽直兵部尚書。

部,仍專管刑部。劉於義刑部尚書,未任。
卯,瑪喇工部尚書。

吏部左侍郎。十一月己卯遷。十二月壬辰,吳

遷。吳士玉吏部右侍郎。十二月壬辰遷。任蘭
海望戶部左侍郎。
革。十一月己卯,俞兆晟戶部左侍郎。

卯遷。韓光基戶部右侍郎。

遷。胡煦禮部左侍郎。

遷。吳襄禮部右侍郎。
喀爾吉善兵部左侍郎。

任蘭枝兵部右侍郎。十二月遷。諸爾渾兵部
卯革。武格刑部左侍郎。

子,塔林署刑部右侍郎。

都御史,仍兼工部右侍郎。
革。趙殿最工部右侍郎。

	雍正十年壬子
	查郎阿
	嵇曾筠
	德明四月癸卯卒。乙巳,海壽
	蔣廷錫閏五月癸丑假。彭維
	三泰
	魏廷珍二月乙未遷。四月丙
	鄂爾奇七月遷。性桂兵部尙
	史貽直未任。七月癸丑,范時
	海壽四月乙巳遷。性桂刑部
	勵廷儀五月戊午假。彭維新
	瑪喇七月乙酉革。丙戌,武格
	張大有四月丙午遷。范時繹
	宗室普泰
士玉代。	吳士玉十月戊午遷。任蘭枝
	舒楞額陣亡。二月壬辰,塔林
枝吏部右侍郎。	任蘭枝十月庚辰遷。孔毓璞
	海望
	兪兆晟
	長有七月乙酉,戶部右侍郎。
	韓光基
	杭奕祿
	胡煦
	孫卓五月革。己巳,舒喜禮部
	吳襄
	喀爾吉善
	楊汝轂
	通智
右侍郎。	諾爾渾
	武格七月丙戌遷。托時刑部
	王朝恩二月壬辰遷。孫嘉淦
	常賚三月癸亥遷。甲子,托時
	王國棟
	馬蘭泰
	孫嘉淦二月壬辰遷。陳樹萱
	趙殿最

戶部尙書。七月遷。鄂爾奇戶部尙書。
新兼署戶部尙書。

午，張大有禮部尙書。十二月卒。
書。
繆兼理兵部尙書。
尙書。七月遷。海壽刑部尙書。
署刑部尙書。閏五月癸丑遷。李衛署刑部尙書。
工部尙書。十二月革。
工部尙書。

吏部左侍郎。
吏部右侍郎。六月，阿山吏部右侍郎。
吏部右侍郎。

右侍郎。

左侍郎。
刑部左侍郎。十二月乙卯革。丁卯，張照刑部左
刑部右侍郎。七月丙子遷。覺和托刑部右侍郎。

工部左侍郎。

雍正十一年癸丑

查郎阿

嵇曾筠四月遷。劉於義吏部尚書。

鄂爾奇九月革。十月，慶復戶部尚書。

彭維新十二月己未免。史貽直戶部尚

三泰

吳士玉二月庚申，禮部尚書。三月卒。四

性桂

史貽直十二月己未遷。涂天相兵部尚

海壽四月遷。慶復署刑部尚書。十月，改

涂天相四月乙卯，刑部尚書。十二月遷。

慶復二月己未，工部尚書。十月遷。憲德

范時繹

宗室普泰

任蘭枝

阿山

孔毓璞

海望

兪兆晟十二月己未免。陳樹萱戶部左

長有十月己巳遷。托時戶部右侍郎。

韓光基十二月己未遷。趙殿最戶部右

杭奕祿七月革。庚子，舒喜禮部左侍郎。

鄧鍾岳六月丁巳，禮部左侍郎。九月辛

舒喜七月庚子遷。留保禮部右侍郎。十

吳襄四月乙卯遷。鄧鍾岳禮部右侍郎。

喀爾吉善

楊汝穀

通智

高起四月乙卯，兵部右侍郎。

托時五月辛巳遷。盛安刑部左侍郎。

侍郎。

張照四月乙卯遷。馮景夏刑部左侍郎。

覺和托

王國棟

馬蘭泰

陳樹萱十二月己未遷。韓光基工部左

托時五月辛巳，工部右侍郎。十月己巳

趙殿最十二月己未遷。庚申，謝旻工部

書。

月乙卯，吳襄禮部尚書。

書。
馬里善署。十一月，福敏署刑部尚書。
張照刑部尚書。
工部尚書。

侍郎。

侍郎。
十二月卒。庚申，留保禮部左侍郎。
巳革。張廷璐禮部左侍郎。
二月庚申遷。鍾保禮部右侍郎。
六月丁巳遷。張廷璐禮部右侍郎。九月辛巳遷。

十二月丁卯病免。喬世臣刑部左侍郎。

侍郎。
遷。長有工部右侍郎。
右侍郎。

雍正十二年甲寅	
查郎阿	
劉於義	
慶復	
史貽直	
三泰	
吳襄	
性桂	
涂天相 十二月丁巳,	
海壽 七月甲戌遷。憲德	
張照	
憲德 七月甲戌遷。海壽	
范時繹 三月丁丑革。戊	
宗室普泰	
任蘭枝	
阿山	
孔毓璞 三月遷。丁亥,呂	
海望	
陳樹萱	
托時	
趙殿最	
留保	
張廷璐	
鍾保	
史在甲 三月戊寅乞休。	史在甲 禮部右侍郎。
喀爾吉善	
楊汝穀	
通智	
高起	
盛安	
喬世臣 十月己未遷。王	
覺和托 三月壬午,葛	
王國棟 十月庚戌革。楊	
馬蘭泰	
韓光基 十月丁未革。顧	
長有 四月己卯降。傅德	
謝旻 八月壬申革。十月	

魏廷珍兵部尚書。

刑部尚書。

工部尚書。九月辛卯免。憲德兼工部尚書。十

戊，徐本工部尚書。

耀曾吏部右侍郎。九月癸巳遷。十一月壬申，

癸酉，甘汝來禮部右侍郎。

紘刑部左侍郎。

森刑部右侍郎。十二月辛酉遷。申珠琿刑部

超宗刑部右侍郎。

祖鎮工部左侍郎。

工部右侍郎。

己未，喬世臣工部右侍郎。

	雍正十三年乙卯
	查郎阿七月辛酉遷。八月
	劉於義
	慶復九月差。辛亥，海望署
	史貽直
	三泰
	吳襄
	性桂八月乙酉遷。通智兵
	魏廷珍二月庚戌遷。高起
	憲德九月丁酉免。庚戌，傅
	張照五月差。徐本署刑部
月己未，巴泰代。	巴泰五月革。六月癸未，查
	徐本十月癸酉遷。涂天相
	宗室普泰
	任蘭枝十月辛未遷。壬申，
	阿山十二月戊午，木和
邵基吏部右侍郎。	邵基十月辛未遷。孫嘉淦
	海望九月升署。辛亥，托時
	陳樹萱十月乙亥，李紱
	托時九月辛亥遷。顧魯署
	趙殿最
	留保十月庚午，鍾保禮
	張廷璐
	鍾保十月庚午遷。木和林
	甘汝來九月丁酉遷。庚戌，
	喀爾吉善八月革。通智兵
	楊汝穀
	通智八月遷。希德慎兵部
	高起二月庚戌遷。癸亥，吳
	盛安十月丙戌，申珠琿
	王紘
右侍郎。	申珠琿十月丙戌遷。徐元
	楊超宗
	馬蘭泰
	顧祖鎮十月己巳，王鈞
	傅德
	喬世臣二月甲戌，王鈞

乙酉，性桂吏部尚書。

戶部尚書。十月甲申補。

部尚書。

兵部尚書。九月丁酉免。甘汝來兵部尚書。

鼐署。十二月補。

尚書。

克旦工部尚書。

工部尚書。

邵基吏部左侍郎。

林吏部右侍郎。

吏部右侍郎。十一月，遷左都御史，仍兼吏部右

戶部左侍郎。

戶部左侍郎。

戶部右侍郎。丙戌，申珠渾戶部右侍郎。

部左侍郎。十一月遷。十二月，徐元夢禮部左侍

禮部右侍郎。辛未遷。徐元夢禮部右侍郎。十二

勵宗萬禮部右侍郎。

部左侍郎。乙酉遷。德沛兵部左侍郎。

右侍郎。

應棻兵部右侍郎。

刑部左侍郎。十一月己亥，木和林刑部左侍郎。

夢刑部右侍郎。丁亥遷。木和林刑部右侍郎。十

工部左侍郎。

工部右侍郎。十月己巳遷。張廷瑑工部右侍郎。

侍郎。

郎。

月遷。木和林代。

十一月戊午遷。法敏代。

一月己亥遷。納延泰刑部右侍郎。

清史稿卷一百八十三

表二十三

部院大臣年表三下

雍正元年癸卯	
理藩院尚書	
理藩院左侍郎	
理藩院右侍郎	
都察院滿左都御史	
都察院漢左都御史	
都察院滿左副都御史	
都察院滿左副都御史	
都察院漢左副都御史	
都察院漢左副都御史	
雍正二年甲辰	
理藩院尚書	
理藩院左侍郎	
理藩院右侍郎	
都察院滿左都御史	
都察院漢左都御史	
都察院滿左副都御史	
都察院滿左副都御史	
都察院漢左副都御史	
都察院漢左副都御史	
雍正三年乙巳	
理藩院尚書	
理藩院左侍郎	
理藩院右侍郎	
都察院滿左都御史	
都察院漢左都御史	
都察院滿左副都御史	
都察院滿左副都御史	
都察院漢左副都御史	
都察院漢左副都御史	

隆科多

特古忒

敦拜 十月癸酉,尹泰左都御史。

朱軾

巴泰 正月癸卯,左副都御史。三月壬寅遷。五

牛鈕 七月甲午遷。九月丙午,永福左副都御

江球

金應璧 九月癸卯免。楊汝穀左副都御史。

隆科多

特古忒

本錫

尹泰

朱軾

岳色 三月甲午,覺羅塞德左副都御史。

永福

江球

楊汝穀 四月遷。五月癸未,謝錫履左副都御

隆科多 免。特古忒理藩院尚書。

本錫

尹泰 五月癸亥遷。能泰左都御史。十一月革。

朱軾 正月壬戌,蔡珽左都御史。

覺羅塞德 五月丙辰遷。杭奕祿左副都御史。

永福 五月丁巳,能泰左副都御史。乙丑遷。

江球 五月癸卯假免。王之麟左副都御史。

謝賜履 三月戊申降。梁文科左副都御史。

月己卯，薩爾納左副都御史。七月遷。甲辰，岳

史。

史。

甲子，法海左都御史。

覺羅常泰左副都御史。

雍正四年丙午	
特古忒	
本錫	
眾佛保五月,兼理藩院右侍郎。	
法海二月遷。甲子,福敏左都御史。九月	
蔡珽四月解。五月丁酉,裴倖度左都御	
杭奕祿	色代。
覺羅常泰	
王之麟	
梁文科正月己巳革。王沛憻左副都御	

雍正五年丁未	
特古忒	
眾佛保四月癸巳,理藩院左侍郎。十月	
班第四月癸巳,理藩院右侍郎。十月庚	
查郎阿	
裴倖度正月乙巳革。丙辰,沈近思左都	
杭奕祿	
覺羅常泰	
王之麟三月壬辰降。錢以塏左副都御	
甘汝來二月戊寅,左副都御史。	

雍正六年戊申	
特古忒	
顧魯	
眾佛保	
查郎阿四月癸卯遷。三泰左都御史。	
唐執玉	
杭奕祿十月遷。戊子,性桂左副都御史。	
覺羅常泰八月庚辰,宗室塞爾赫左	
王承烈正月丙子,左副都御史。八月甲	
甘汝來十二月甲午革。陳良弼左副都	

丙午遷。馬齊暫署。癸丑，查郎阿署。

史。

史。七月戊戌遷。劉師恕左副都御史。十月遷。乙

庚寅調。顧魯代。

寅遷。眾佛保理藩院右侍郎。

御史。十二月戊戌卒。壬寅，唐執玉代。

史。十二月壬寅遷。

副都御史。

午遷。九月甲戌，謝王寵左副都御史。

御史。

雍正七年己酉	
特古忒	
顧魯	
衆佛保	
三泰	
唐執玉	
性桂二月戊戌遷。四	
宗室塞爾赫十一月	
謝王寵	
陳良弼十二月庚戌	卯，鄭仁鑰左副都御史。

雍正八年庚戌	
特古忒	
顧魯	
衆佛保	
三泰	
唐執玉六月癸亥遷。	
申珠琿	
二格	
謝王寵六月癸亥遷。	
王圖炳八月壬戌遷。	

雍正九年辛亥	
特古忒	
顧魯	
衆佛保	
三泰三月乙酉遷。壬	
史貽直十一月辛丑	
申珠琿九月丁卯遷。	
二格	
冀棟正月乙亥革。二	
沈廷正	

月乙未，申珠琿左副都御史。

丁酉遷。二格左副都御史。

革。王圖炳左副都御史。

史貽直左都御史。

冀棟左副都御史。

九月己丑，沈廷正左副都御史。

辰，鄂爾奇左都御史。九月丁卯遷。福敏左都

遷。彭維新左都御史。

戊子，阿蘭泰左副都御史。十二月丁未降。阿

月己亥，孔毓璞左副都御史。

雍正十年壬子
特古忒
顧魯 二月丙戌遷。乙未，衆佛保理藩
衆佛保 二月乙未遷。納延泰理藩院
福敏
彭維新 九月丁未遷。十月戊午，吳士
阿成阿
二格
孔毓璞 十月庚辰遷。癸巳，馮景夏左
沈廷正 六月丙寅，史在甲左副都

雍正十一年癸丑
特古忒 十二月，僧格理藩院尚書。
納延泰
班第
福敏
吳士玉 二月庚申遷。涂天相左都御
阿成阿 四月甲子遷。鄂爾賽左副都
二格
馮景夏 四月乙卯遷。壬申，孫國璽左
史在甲 九月遷。十月壬戌，喬世臣左

雍正十二年甲寅
僧格
納延泰 十二月遷。顧魯理藩院左侍
班第
福敏　御史。
徐本 三月戊戌遷。四月丁卯，孔毓璞
鄂爾賽　成阿代。
二格
孫國璽
呂耀曾 二月丙辰，左副都御史。四月

院左侍郎。十二月庚午革。納延泰理藩院左侍

右侍郎。十二月庚午遷。班第理藩院右侍郎。

玉左都御史。

副都御史。

御史。

史。四月乙卯遷。張照左都御史。十二月己未遷。

御史。

副都御史。

副都御史。十二月丁卯遷。

郎。

左副都御史。

丁亥遷。六月丙午,邵基左副都御史。十一月遷。

	雍正十三年乙卯
	僧格
郎。	顧魯
	班第
	福敏
	孔毓璞十月丁丑革。戊寅，彭
	鄂爾賽
	二格
	孫國璽
	陳世倕十月戊寅差。陳世倌

徐本代。	

丁亥，陳世倕代。	

維新署左都御史。十一月庚戌,孫嘉淦左都御

署左副都御史。十二月庚辰,補。

史。

清史稿卷一百八十四

表二十四

部院大臣年表四上

	乾隆元年丙辰
吏部滿尚書	性桂
吏部漢尚書	劉於義
戶部滿尚書	海望
戶部漢尚書	史貽直
禮部滿尚書	三泰
禮部漢尚書	任蘭枝
兵部滿尚書	通智八
兵部漢尚書	甘汝來
刑部滿尚書	傅鼐庚
刑部漢尚書	徐本十
工部滿尚書	查克旦
工部漢尚書	涂天相
吏部滿左侍郎	宗室普
吏部漢左侍郎	邵基十
吏部滿右侍郎	阿山
吏部漢右侍郎	孫嘉淦
戶部滿左侍郎	托時
戶部漢左侍郎	李紱降。
戶部滿右侍郎	申珠琿
戶部漢右侍郎	趙殿最
禮部滿左侍郎	徐元夢
禮部漢左侍郎	張廷璐
禮部滿右侍郎	木和林
禮部漢右侍郎	勵宗萬
兵部滿左侍郎	德沛七
兵部漢左侍郎	楊汝穀
兵部滿右侍郎	希德愼
兵部漢右侍郎	吳應棻
刑部滿左侍郎	納延泰
刑部漢左侍郎	勵宗萬
刑部滿右侍郎	法敏十
刑部漢右侍郎	楊超曾
工部滿左侍郎	馬爾泰
工部漢左侍郎	王鈞
工部滿右侍郎	圖理琛
工部漢右侍郎	張廷瑑

月丁亥免。那蘇圖兵部尚書。

午革。九月戊戌，慶復署刑部尚書。
一月甲午遷。孫嘉淦刑部尚書。

泰七月癸卯遷。戊午，鄂善吏部左侍郎。
月壬戌遷。庚午，俞兆岳吏部左侍郎。

十一月遷。姚三辰吏部右侍郎。

六月甲子，楊汝穀戶部左侍郎。十一月甲午

十一月遷。乙巳，呂耀曾戶部右侍郎。
八月丙寅致仕。乙亥，木和林禮部左侍郎。

八月乙亥遷。滿色禮部右侍郎。
六月免。程元章署。十一月甲辰，王蘭生禮部
月遷。癸卯，宗室普泰兵部左侍郎。
六月甲子遷。姚三辰兵部左侍郎。十一月甲
遷。二月乙酉，二格兵部右侍郎。

十月丙戌革。十一月癸巳楊超宗刑部左侍
月癸巳遷。十一月，柏修刑部右侍郎。甲辰，馬
十一月癸巳遷。王蘭生刑部右侍郎。
十一月甲辰遷。十二月，杭奕祿工部左侍郎。

三月癸亥降。杭奕祿工部右侍郎。十二月遷。

	乾隆二年丁巳
	性桂
	劉於義
	海望
	史貽直
	三泰
	任蘭枝
	那蘇圖 正月庚子
	甘汝來
	慶復 正月庚子遷。
	孫嘉淦
	查克旦 十二月甲
	涂天相 三月甲辰
	鄂善
	兪兆岳 六月庚辰
	阿山
	姚三辰 六月病免。
	托時
遷。乙巳,趙殿最代。	趙殿最 十月乙巳
	申珠琿
	呂耀曾 十一月己
	木和林
	張廷璐
	滿色
右侍郎。	王蘭生 五月卒。六
	宗室普泰
午遷。孫國璽兵部左侍郎。	孫國璽
	二格
	吳應棻
	納延泰
郎。	楊超曾 二月遷。乙
爾泰代。	馬爾泰
	王蘭生 三月辛
	杭奕祿
	王鈞 六月辛巳遷。
柏修工部右侍郎。	柏修 八月遷。九月
	張廷瑑

遷。訥親兵部尚書。

那蘇圖刑部尚書。閏九月丁卯遷。尹繼善刑

辰遷。來保工部尚書。

免。趙弘恩工部尚書。

革。辛巳，程元章吏部左侍郎。

七月癸卯，崔紀吏部右侍郎。十月丙申遷。乙

遷。十一月己未，呂耀曾戶部左侍郎。

未遷。王鈞戶部右侍郎。

月辛巳，方苞禮部右侍郎。十二月戊戌病免。

卯，劉統勳刑部左侍郎。乙巳，金鉷刑部左侍

卯，程元章刑部右侍郎。六月辛巳遷。王鈞刑

王紘工部左侍郎。

癸卯，鍾保工部右侍郎。

部尚書。

巳，趙殿最吏部右侍郎。

吳家騏禮部右侍郎。

郎。三月乙卯，劉統勳刑部左侍郎。

部右侍郎。十一月己未遷。陳惪華刑部右侍郎。

乾隆三年戊午

性桂 十一月乙亥致仕。十二月己卯,訥親吏部

劉於義

海望

史貽直 七月甲子遷。高其倬戶部尚書。十月甲

三泰

任蘭枝 十月丙申遷。趙國麟禮部尚書。

訥親 十二月己卯遷。鄂善兵部尚書。

甘汝來 十月乙巳遷。楊汝來兵部尚書。

尹繼善

孫嘉淦 四月己丑遷。趙國麟刑部尚書。十月丙

來保

趙弘恩 七月甲子革。史貽直工部尚書。十月丙

鄂善 十二月己卯遷。喀爾吉善吏部左侍郎。

程元章

阿山

趙殿最 十月丙申遷。楊永斌吏部右侍郎。

托時 七月丁卯遷。辛未,喀爾吉善戶部左侍郎。

呂耀曾 十月乙巳遷。陳世倌戶部左侍郎。

申珠渾 十二月癸未遷。留保戶部右侍郎。

王鈞

木和林

張廷璐

滿色

吳家騏

宗室普泰

孫國璽 四月己丑遷。戊申,吳應棻兵部左侍郎。

二格 四月辛丑遷。班第兵部右侍郎。

吳應棻 四月戊申遷。凌如煥兵部右侍郎。

納延泰 四月遷。壬寅,岱奇刑部左侍郎。

劉統勳

馬爾泰 正月乙卯遷。二月癸巳,岱奇刑部右侍

陳悳華

杭奕祿

王紘

鍾保 四月遷。辛丑,二格工部右侍郎。十月遷。十

張廷瑑

乾隆四	
訥親	尚書。
甘汝來	
海望	
任蘭枝	午。卒。丙申,任蘭枝戶部尚書。
三泰	
趙國麟	
鄂善	
楊超曾	
尹繼善	
史貽直	申。遷。史貽直刑部尚書。
來保	
趙殿最	申。遷。趙殿最工部尚書。
喀爾吉	
程元章	
阿山	
楊永斌	
申珠琿	十二月。遷。癸未,申珠琿戶部左侍郎。
陳世倌	
留保	
王鈞五	
木和林	
張廷璐	
滿色	
吳家麒	
宗室普	
吳應棻	
班第七	
淩如煥	
岱奇六	
劉統勳	
鍾保	郎。四月戊申。遷。鍾保刑部右侍郎。
陳惠華	
杭奕祿	
王紘正	
阿克敦	一月丙辰,阿克敦工部右侍郎。
張廷瑑	

年己未

七月丙寅卒。郝玉麟吏部尚書。十一月戊申遷。

正月壬申遷。陳惠華戶部尚書。

正月壬申，任蘭枝禮部尚書。

善

三月壬申，陳大受吏部右侍郎。十一月壬子

六月壬午革。乙酉，岱奇戶部左侍郎。

四月乙未遷。五月辛亥，王鈞戶部左侍郎。

月辛亥遷。梁詩正戶部右侍郎。

泰十二月己卯革。舒赫德兵部左侍郎。

月丙寅遷。雅爾圖兵部右侍郎。十一月庚戌遷。

月乙酉遷。杭奕祿刑部左侍郎。

憂。免。六月辛丑，田懋刑部左侍郎。十一月庚申

正月壬申遷。梁詩正刑部右侍郎。五月辛亥遷。

六月遷。七月丙午，阿克敦工部左侍郎。

月庚申休致。張廷瑑工部左侍郎。

七月丙午遷。索柱工部右侍郎。

正月甲子遷。韓光基工部右侍郎。六月辛丑遷。

楊超曾署吏部尚書。

遷。庚申，田懋吏部右侍郎。

十二月庚寅，阿里袞兵部右侍郎。

遷。王安國刑部左侍郎。

田懋刑部右侍郎。六月遷。辛丑，韓光基刑部右

七月乙卯，許希孔工部右侍郎。

乾隆五年庚申

訥親

楊超曾

海望

陳悳華

三泰

任蘭枝

鄂善

楊超曾 九月癸酉遷。史貽直兵部尚書。

尹繼善 三月庚戌遷。四月己丑，那蘇圖

史貽直 九月癸丑遷。韓光基刑部尚書。

來保 十一月己巳遷。哈達哈工部尚書。

趙殿最 二月戊戌，韓光基工部尚書。

喀爾吉善 閏六月遷。甲子，阿克敦吏部

程元章 四月甲戌革。蔣溥吏部左侍郎。

阿山 五月甲寅遷。阿克敦吏部右侍郎。

田懋 五月憂免。甲子，楊嗣璟吏部右侍

岱奇

王鈞 卒。十一月丁丑，梁詩正戶部左侍

留保 閏六月遷。十月己巳，阿里袞署戶

梁詩正 十一月丁丑遷。歸宣光戶部右

木和林

張廷璐

滿色

吳家麒

舒赫德

吳應棻 四月壬辰，凌如煥兵部左侍

阿里袞 十月丙午遷。鄂彌達兵部右侍

凌如煥 四月壬辰遷。王承堯兵部右侍

杭奕祿 三月己巳遷。阿克敦刑部左侍

王安國 九月遷。十月壬子，張照刑部左

鍾保 十月遷。托時刑部右侍郎。

侍郎。 韓光基 二月戊戌遷。三月己未，楊嗣璟

阿克敦 三月乙巳遷。德齡工部左侍郎。

張廷瑑

索柱

許希孔

刑部尚書。十一月遷。己巳，來保刑部尚書。

九月己丑遷。陳世倌工部尚書。

左侍郎。

閏六月甲子遷。留保吏部右侍郎。

郎。

郎。

部右侍郎。

侍郎。

郎。

郎。

郎。

郎。五月丙寅遷。常安刑部左侍郎。十月戊戌遷。

侍郎。

刑部右侍郎。五月壬子遷。張照刑部右侍郎。十

	乾隆六年辛
	訥親
	楊超曾
	海望
	陳惪華
	三泰
	任蘭枝
	鄂善
	史貽直
	來保
	韓光基九月
	哈達哈
	陳世倌七月
	阿克敦
	蔣溥
	留保
	楊嗣璟十一
	岱奇六月丙
	梁詩正
	阿里袞
	歸宣光免。三
	木和林
	張廷璐
	滿色
	吳家騏五月
	舒赫德
	凌如煥九月
	鄂彌達八月
	王承堯
鍾保刑部左侍郎。	鍾保
	張照
	托時
月壬子遷。郝玉麟刑部右侍郎。	郝玉麟六月
	德齡
	張廷瑑
	索柱
	許希孔

酉

己卯遷。劉吳龍刑部尚書。

丙子遷。九月己卯，韓光基工部尚書。

月癸亥憂免。梁詩正兼吏部右侍郎。
申遷。癸卯，三和署戶部左侍郎。

月癸未，周學健戶部右侍郎。十月甲午遷。彭

甲子革。戊子，汪由敦禮部右侍郎。九月庚寅

庚寅告養，免。汪由敦兵部左侍郎。
遷。辛亥，馬爾泰署兵部右侍郎。

壬寅休致。劉統勳刑部右侍郎。九月丁亥遷。

乾隆七年壬	
訥親	
楊超曾正月	
海望	
陳悳華七月	
三泰	
任蘭枝正月	
鄂善三月庚	
史貽直正月	
來保	
劉吳龍四月	
哈達哈	
韓光基	
阿克敦	
蔣溥	
留保	
梁詩正免。兼	
三和十月乙	
梁詩正	
阿里袞	
彭維新	維新戶部右侍郎。
木和林	
張廷璐	
滿色	
趙國麟正月	遷。趙國麟禮部右侍郎。
舒赫德	
汪由敦	
馬爾泰九月	
王承堯	
鍾保四月丙	
張照四月丁	
托時	
周學健	十月甲午，周學健刑部右侍郎。
德齡	
張廷瑑	
索柱	
許希孔	

戊

壬戌憂免。史貽直吏部尚書。

乙丑遷。徐本兼戶部尚書。

壬戌遷。趙國麟禮部尚書。七月乙丑革。任蘭

寅革。班第兵部尚書。

壬戌遷。任蘭枝兵部尚書。七月乙丑遷。陳惪

丙辰卒。丁巳，張照刑部尚書。

十月壬寅，田懋吏部右侍郎。

巳，補戶部左侍郎。

壬戌遷。二月戊申，鄧鍾岳禮部右侍郎。

遷。庚辰，紀山兵部右侍郎。

午休致。盛安刑部左侍郎。

巳遷。趙弘恩刑部左侍郎。五月壬申免。壬午，

	乾隆八年癸亥
	訥親
	史貽直
	海望
	徐本 十月己巳,仍兼管
	三泰
枝禮部尚書。	任蘭枝
	班第
華兵部尚書。	陳惠華
	來保
	張照
	哈達哈
	韓光基
	阿克敦
	蔣溥 十月己巳遷。歸宣
	留保 六月己酉遷。宗室
	田懋
	三和
	梁詩正
	阿里袞 十月己巳遷。傅
	彭維新
	木和林
	張廷璐
	滿色 六月丁卯休致。勒
	鄧鍾岳
	舒赫德
	汪由敦
	紀山 五月丙午遷。六月
	王承堯
	盛安
錢陳羣刑部左侍郎。	錢陳羣
	托時
	周學健 十月己巳遷。彭
	德齡
	張廷瑑
	索柱
	許希孔

	乾隆九年甲子
	訥親
	史貽直　正月辛巳遷。
	海望
戶部。劉於義戶部尚書。	劉於義　正月辛巳遷。
	三泰
	任蘭枝
	班第
	陳悳華　正月辛巳革。
	來保
	張照　十二月戊辰憂。
	哈達哈
	韓光基　三月癸未,
	阿克敦
光吏部左侍郎。	歸宣光
德沛吏部右侍郎。	宗室德沛
	田懋
	三和
	梁詩正
恆戶部右侍郎。	傅恆
	彭維新　正月庚子遷。
	木和林
	張廷璐　三月休致。李
爾森禮部右侍郎。	勒爾森
	鄧鍾岳　三月遷。辛丑,
	舒赫德
	汪由敦　三月癸未遷。
壬戌,開泰兵部右侍郎。	開泰
	王承堯
	盛安
	錢陳羣
	托時　十一月壬寅遷。
啓豐刑部右侍郎。	彭啓豐　假。十二月辛
	德齡
	張廷瑑　五月癸卯遷。
	索柱
	呂熾　四月癸酉,工部

劉於義吏部尚書。

張楷戶部尚書。二月丁丑卒。阿爾賽戶部尚書。

王安國兵部尚書。庚子憂免。彭維新兵部尚書。

汪由敦刑部尚書。

汪由敦工部尚書。十二月戊辰遷。趙弘恩工部

晏斯盛戶部右侍郎。三月癸未，李元亮戶部右

清植禮部左侍郎。鄧鍾岳代。

楊錫紱禮部右侍郎。

丁丑，陳悳華兵部左侍郎。

兆惠刑部右侍郎。

未，勵宗萬代

趙弘恩工部左侍郎。十二月遷。勵宗萬工部左

右侍郎。

	乾隆十年乙丑
	訥親 五月戊子遷。辛卯,高斌吏部尚書。
	劉於義
	海望
	阿爾賽 五月辛卯卒。梁詩正戶部尚書。
	三泰 三月己丑乞休。來保禮部尚書。
	任蘭枝 十月戊午乞休。十一月壬申,王
	班第
	彭維新
	來保 三月己丑遷。盛安刑部尚書。
	汪由敦
	哈達哈
尚書。	趙弘恩
	阿克敦
	歸宣光 四月庚申遷。田懋吏部左侍郎。
	宗室德沛
	田懋 四月遷。蔣溥吏部右侍郎。
	三和
	梁詩正 五月辛卯遷。李元亮戶部左侍
	傅恆
侍郎。	李元亮 遷。五月,呂熾戶部右侍郎。
	木和林
	鄧鍾岳
	勒爾森
	楊錫紱 四月庚申遷。五月甲申,秦蕙田
	舒赫德
	陳悳華
	開泰 十一月戊寅遷。鄂容安兵部右侍
	王承堯 四月戊申休致。庚申,歸宣光兵
	盛安 三月己丑遷。雅爾圖刑部左侍郎。
	錢陳羣
	兆惠
	彭啟豐 憂免。十二月乙卯,勵宗萬刑部
	德齡
侍郎。	勵宗萬 十二月乙卯遷。涂逢震工部左
	索柱
	呂熾 五月己亥遷。范燦工部右侍郎。

	乾隆十一年丙寅
	高斌
	劉於義
	海望
	梁詩正
	來保
安國禮部尚書。	王安國
	班第
	彭維新
	盛安五月丙申遷。阿克敦刑
	汪由敦
	哈達哈
	趙弘恩
	阿克敦三月癸丑遷。五月
	田懋三月癸未罷。乙酉，蔣溥
	宗室德沛
	蔣溥三月乙酉遷。歸宣光吏
	三和七月庚戌遷。傅恆戶部
郎。	李元亮
	傅恆七月遷。雅爾圖戶部右
	呂熾
	木和林
	鄧鍾岳
	勒爾森五月丙申遷。伍靈安
禮部右侍郎。	秦蕙田
	舒赫德
	陳悳華
郎。	鄂容安
部右侍郎。	歸宣光三月乙酉遷。王會汾
	雅爾圖五月丙申遷。勒爾森
	錢陳羣
	兆惠
右侍郎。	勵宗萬五月甲辰革。魏定國
	德齡七月庚戌遷。三和工部
侍郎。	涂逢震
	索柱
	范燦三月癸未乞休。乙酉，尹

部尚書。

丙申，雅爾圖吏部左侍郎。七月庚戌遷。德齡吏

吏部左侍郎。

部右侍郎。

左侍郎。

侍郎。

禮部右侍郎。

兵部右侍郎。

刑部左侍郎。

刑部右侍郎。

左侍郎。

會一工部右侍郎。

乾隆十二年丁卯	
高斌 三月丙午遷。來保吏部尚書。	
劉於義	
海望 三月丙午遷。傅恆戶部尚書。	
梁詩正	
來保 三月丙午遷。海望禮部尚書。	
王安國	
班第	
彭維新 革。九月丁巳，陳大受兵部	
阿克敦	
汪由敦	
哈達哈	
趙弘恩	
德齡	部左侍郎。
蔣溥	
宗室德沛 十二月遷。	
歸宣光	
傅恆 遷。三月丙午，德爾敏戶部左	
李元亮	
雅爾圖 五月戊戌病免。舒赫德戶	
呂熾	
木和林	
鄧鍾岳	
伍靈安	
秦蕙田 憂免。四月丁亥，楊嗣璟禮	
舒赫德 五月戊戌遷。壬寅，鄂容安	
陳惪華 九月戊申革。十月壬申，王	
鄂容安 五月壬寅遷。蘊著兵部右	
王會汾 十月壬申遷。莊有恭兵部	
勒爾森	
錢陳羣	
兆惠	
魏定國	
三和	
涂逢震	
索柱	
尹會一	

十二月庚辰遷。德沛吏部尚書。

尚書。

侍郎。

部右侍郎。

部右侍郎。六月甲戌，沈德潛禮部右侍郎。
兵部左侍郎。
會汾兵部左侍郎。
侍郎。九月壬子遷。十月壬申，塞爾赫兵部右侍
右侍郎。

乾	
德	
劉	
傅	
梁	
海	
王	
班	
陳	
阿	
汪	
哈	
趙	
德	
蔣	
德	
歸	
德	
李	
舒	
呂	
木	
鄧	
伍	
沈	
鄂	
王	
雅	郎。尋卒。十一月辛卯，雅爾圖兵部右侍郎。
莊	
勒	
錢	
兆	
魏	
三	
涂	
索	
尹	

隆	十三年戊辰
沛	七月戊戌病免。達爾黨阿吏部尚書。
於	義三月乙未卒。四月乙卯，陳大受吏部尚書。
恆	十月丁亥遷。庚寅，尹繼善戶部尚書。十一月
詩	正四月乙丑遷。蔣溥戶部尚書。
望	
安	國
第	十月丙戌降。舒赫德兵部尚書。十一月庚辰
大	受四月乙卯遷。乙丑，梁詩正兵部尚書。
克	敦四月癸酉革。達爾黨阿刑部尚書。七月戊
由	敦
達	哈
弘	恩
齡	
溥	四月遷。歸宣光吏部左侍郎。
通	二月丙辰，吏部右侍郎。閏七月癸丑遷。介福
宣	光四月遷。尹會一吏部右侍郎。閏七月庚申，
爾	敏
元	亮
赫	德十月丙戌遷。辛卯，三和戶部右侍郎。
熾	
和	林
鍾	岳四月乙丑休。秦蕙田禮部左侍郎。
靈	安
德	潛閏七月庚申免。齊召南禮部右侍郎。
容	安十月乙酉遷。馬靈阿署兵部左侍郎。
會	汾十二月壬寅降。蔣炳兵部左侍郎。
爾	圖
有	恭
爾	森
陳	羣
惠	
定	國閏七月庚申遷。梅瑴成刑部右侍郎。
和	十月辛卯遷。班第工部左侍郎。
逢	震五月辛丑降。六月丙辰，何國宗工部左侍
杜	五月戊戌降。阿克敦署。閏七月癸丑遷。宗室
會	一四月乙丑遷。何國宗工部右侍郎。六月丙

庚辰遷。舒赫德戶部尚書。

遷。瑚寶兵部尚書。

戊遷。盛安刑部尚書。庚戌逮。閏七月癸丑，阿

吏部右侍郎。

魏定國吏部右侍郎。十二月壬寅休致。王會

郎。

恆祿工部右侍郎。

辰遷。稽璜工部右侍郎。

	乾隆十四年己巳
	達爾黨阿
	陳大受
	舒赫德十二月辛卯遷。海
	蔣溥
	海望十二月辛卯遷。木和
	王安國
	瑚寶四月戊戌遷。哈達哈
	梁詩正
克敦署刑部尚書。	阿克敦
	汪由敦
	哈達哈四月戊戌遷。三和
	趙弘恩十二月庚戌遷。劉
	德齡十二月辛巳降。癸未，
	歸宣光
	介福十二月癸未遷。同寧
汾吏部右侍郎。	王會汾十一月辛未降。田
	德爾敏十二月遷。癸未，納
	李元亮
	三和四月戊戌遷。納穆扎
	呂熾十二月免。辛巳，稽璜
	木和林十二月辛卯遷。馬
	秦蕙田
	伍靈安十二月辛巳遷。嵩
	齊召南十一月丁未休致。
	馬靈阿十二月辛卯遷。雅
	蔣炳
	雅爾圖十二月遷。觀保兵
	莊有恭
	勒爾森
	錢陳羣
	兆惠
	梅穀成
	班第正月丁巳革。壬申，拉
	何國宗
	宗室恆祿四月免。納敏工
	稽璜十二月辛巳，劉綸

望戶部尚書。

林禮部尚書。

兵部尚書。十二月辛卯遷。舒赫德兵部尚書。

工部尚書。十二月辛卯降。哈達哈復為工部尚

統勳工部尚書。

介福吏部左侍郎。

吏部右侍郎。

懋吏部右侍郎。

穆扎爾戶部左侍郎。

爾戶部右侍郎。十二月辛巳遷。伍齡安戶部右

戶部右侍郎。

靈阿署禮部左侍郎。

壽禮部右侍郎。

劉綸禮部右侍郎。十二月辛巳遷。張泰開禮部

爾圖兵部左侍郎。

部右侍郎。

布敦工部左侍郎。

部右侍郎。七月卒。八月己卯，來佛保工部右侍

工部右侍郎。

乾隆十五年庚午
達爾黨阿
陳大受正月丁未
海望
蔣溥
木和林十一月丙
王安國
舒赫德
梁詩正正月丁未
阿克敦
汪由敦七月庚申
哈達哈
劉統勳七月庚申
介福正月癸酉降。
歸宣光五月壬子
同寧四月革。己亥,
田懋還。歸宣光吏
納穆扎爾九月庚
李元亮正月還。嵇
伍靈安十一月丙
嵇璜正月還。癸丑,
馬靈阿二月庚辰
秦蕙田十月甲申
嵩壽
張泰開八月乙亥
雅爾圖
蔣炳
觀保
莊有恭
勒爾森
錢陳羣
兆惠十一月還。己
梅瑴成九月庚子
拉布敦九月辛亥
何國宗
三和
劉綸

書。

侍郎。

右侍郎。

郎。十二月辛卯免。三和代。

遷。梁詩正吏部尚書。

辰遷。伍靈安禮部尚書。

遷。李元亮兵部尚書。

降。劉統勷刑部尚書。

遷。孫嘉淦工部尚書。

鄂彌達吏部左侍郎。

降。彭啓豐吏部左侍郎。是月,田懋吏部左侍

慧中吏部右侍郎。

部右侍郎。五月彭啓豐吏部右侍郎。

申遷。德保戶部左侍郎。十一月戊申降。己酉,

璜戶部左侍郎。

辰遷。雅爾哈善戶部右侍郎。

莊有恭戶部右侍郎。

降。介福禮部左侍郎。

遷。田懋禮部左侍郎。十一月免。丁未,呂熾禮

遷。呂熾禮部右侍郎。十一月丁未遷。陳邦彥

酉,書山刑部右侍郎。

遷。楊錫紱刑部右侍郎。十月甲申遷。秦蕙田

遷。庚申,納穆扎爾工部左侍郎。

	乾隆十六辛未
	達爾黨阿
	梁詩正
	海望
	蔣溥
	伍齡安
	王安國
	舒赫德
	李元亮
	阿克敦
	劉統勳
	哈達哈
	孫嘉淦
	鄂彌達
郎。十月遷。歸宣光代。	彭啓豐
	慧中
	歸宣光
兆惠戶部左侍郎。	兆惠
	嵇璜
	雅爾哈善十二月壬寅
	莊有恭八月辛酉遷。壬
	介福
部左侍郎。	呂熾
	嵩壽
禮部右侍郎。	陳邦彥十二月壬寅革。
	雅爾圖
	蔣炳
	觀保
	莊有恭八月辛酉遷。壬
	勒爾森
	錢陳羣
	書山
刑部右侍郎。	秦蕙田
	納穆扎爾
	何國宗
	三和
	劉綸九月壬申憂。張泰

乾隆十七年壬申	
達爾黨阿	
梁詩正九月庚辰	
海望	
蔣溥	
伍靈安	
王安國	
舒赫德	
李元亮	
阿克敦	
劉統勳	
哈達哈	
孫嘉淦九月庚辰	
鄂彌達	
彭啓豐	
慧中	
歸宣光	
兆惠	
嵇璜	
鍾音二月乙未遷。	遷。丙午，鍾音戶部右侍郎。
汪由敦九月庚辰	戊，汪由敦戶部右侍郎。
介福	
呂熾十二月戊申	
嵩壽	
董邦達十二月遷。	丙午，董邦達禮部右侍郎。
雅爾圖	
蔣炳三月戊寅遷。	
觀保	
裘曰修	戊。裘曰修兵部右侍郎。
勒爾森	
錢陳羣六月壬辰	
書山	
秦蕙田遷。六月，王	
納穆扎爾十月壬	
何國宗	
三和二月乙未遷。	
張泰開	開工部右侍郎。

乞養，免。孫嘉淦吏部尚書。

遷。汪由敦工部尚書。

三和戶部右侍郎。

遷。辛巳，王淳戶部右侍郎。

乞養，免。鄒一桂禮部左侍郎。尋遷。董邦達禮部

鄒一桂禮部右侍郎。

胡寶瑔兵部左侍郎。

病免。秦蕙田刑部左侍郎。

淳刑部右侍郎。九月辛巳遷。蔡新刑部右侍郎。

子免。德保工部左侍郎。

德保工部右侍郎。十月遷。德爾敏工部右侍郎。

乾隆十八年癸酉	
達爾黨阿	
孫家淦	十二月丁亥卒。庚寅，黃廷桂
海望	
蔣溥	
伍靈安	
王安國	
舒赫德	六月癸巳差。策楞署兵部尚
李元亮	
阿克敦	
劉統勳	
哈達哈	
汪由敦	
鄂彌達	
歸宣光	
慧中	
彭啓豐	九月戊寅遷。裘曰修吏部右
兆惠	二月丁未差。夢麟署戶部左侍
嵇璜	
三和	九月壬申遷。阿里袞戶部右侍
王淳	八月，劉綸戶部右侍郎。
介福	
董邦達	九月戊辰遷。鄒一桂禮部左 左侍郎。
嵩壽	
鄒一桂	九月戊辰遷。張泰開禮部右
雅爾圖	十月病免。觀保兵部左侍郎。
胡寶瑔	九月遷。戊寅，彭啓豐兵部左
觀保	十月遷。吳達善兵部右侍郎。
裘曰修	九月戊寅遷。李因培兵部右
勒爾森	
秦蕙田	
書山	
蔡新	三月壬午假。李因培署刑部右
德保	九月革。德爾敏工部左侍郎。
何國宗	
德爾敏	九月遷。壬申，三和工部右侍
張泰開	九月戊辰遷。董邦達工部右

	乾隆十九年甲戌
	達爾黨阿
吏部尚書。	黄廷桂
	海望
	蔣溥
	伍齡安
	王安國
書。	舒赫德　七月甲辰革。班第兵部尚
	李元亮
	阿克敦
	劉統勳
	哈達哈
	汪由敦
	鄂彌達
	歸宣光
	慧中　三月癸亥休。致蘇昌吏部右
侍郎。	裘曰修　十月遷。嵇璜吏部右侍郎。
郎。	兆惠　五月辛丑差。六月壬申，雅爾
	嵇璜　十月戊辰遷。辛未，劉綸戶部
郎。	阿里袞
	劉綸　十月辛未遷。裘曰修戶部右
	介福
侍郎。	鄒一桂
	嵩壽
侍郎。	張泰開　二月辛丑革。三月壬子，徐
	觀保
侍郎。	彭啟豐
	吳達善　十月遷。雅爾哈善兵部右
侍郎。	李因培　正月免。二月癸未，于敏中
	勒爾森
	秦蕙田
	書山
侍郎。	蔡新
	德爾敏　十月差。戊辰，三和工部左
	何國宗
郎。	三和　十月遷。戊辰，吳達善工部右
侍郎。	董邦達

	乾隆二十年乙亥
	達爾黨阿
	黃廷桂 五月辛卯遷。王
	海望 九月己亥卒。十月
	蔣溥
	伍靈安
	王安國 五月辛卯遷。楊
書。	班第 十二月戊申遇害。
	李元亮
	阿克敦 六月癸丑致仕。
	劉統勳 九月丙申革。丁
	哈達哈
	汪由敦 九月丁酉遷。十
	鄂彌達 九月丙申遷。十
	歸宣光
侍郎。	蘇昌
	嵇璜 十二月假免。己未,
哈善署戶部左侍郎。	兆惠
左侍郎。	劉綸
	阿里袞 十月甲辰遷。納
侍郎。	裘曰修 五月丁酉革。六
	介福
	鄒一桂
	嵩壽 六月庚戌卒。多綸
以烜禮部右侍郎。	徐以烜
	觀保
	彭啓豐 二月丁巳告養,
侍郎。	雅爾哈善
兵部右侍郎。	于敏中 二月癸丑遷。李
	勒爾森
	秦蕙田
	書山
	蔡新
侍郎。	三和
	何國宗 五月辛卯遷。李
侍郎。	吳達善 五月辛卯遷。己
	董邦達

安國吏部尚書。

甲辰，阿里袞戶部尚書。

錫紱禮部尚書。

庚戌，傅森兵部尚書。

鄂彌達刑部尚書。

酉，汪由敦刑部尚書。

月甲辰，衛哲治工部尚書。

月甲辰，舒明吏部左侍郎。

裘曰修吏部右侍郎。

穆扎爾戶部右侍郎。

月庚戌，李侍堯戶部右侍郎。十一月，五福署戶

禮部右侍郎。

免。癸丑，于敏中兵部左侍郎。

清芳兵部右侍郎。

侍堯工部左侍郎。六月庚戌遷。王際華工部左

亥，夢麟工部右侍郎。

	乾隆二十一年丙子
	達爾黨阿
	王安國　十一月壬戌病免。汪由敦
	阿里袞
	蔣溥
	伍齡安
	楊錫紱
	傅森
	李元亮
	鄂彌達
	汪由敦　六月癸丑遷。劉統勳刑部
	哈達哈
	衞哲治　二月甲子病免。趙弘恩工
	舒明
	歸宣光
	蘇昌
	裘曰修
	兆惠
	劉綸
	納穆扎爾
部右侍郎。	五福　改署滿侍郎。十一月辛亥，范
	介福
	鄒一桂　二月甲子休。徐以烜禮部
	多綸
	徐以烜　遷。二月甲子，金德瑛禮部
	觀保
	于敏中　憂免。李清芳兵部左侍郎。
	雅爾哈善
	李清芳　遷。二月，張師載兵部右侍
	勒爾森
	秦蕙田
	書山
	蔡新
	三和
侍郎。	王際華
	夢麟
	董邦達

署吏部尚書。

尚書。

部尚書。六月癸丑遷。汪由敦工部尚書。十一月

時綬署戶部右侍郎。

左侍郎。

右侍郎。

郎。

	乾隆二十二年
	達爾黨阿二月
	汪由敦
	阿里衮二月乙
	蔣溥
	伍齡安
	楊錫紱正月甲
	傅森二月乙酉
	李元亮
	鄂彌達
	劉統勳
	哈達哈二月乙
壬戌遷。趙弘恩署工部尚書。	趙弘恩正月甲
	舒明十月乙丑
	歸宣光四月遷。
	蘇昌
	裘曰修遷。王興
	兆惠二月乙酉
	劉綸
	納穆札爾二月
	范時綬十月甲
	介福
	徐以烜免。六月
	多綸
	金德瑛
	觀保
	李清芳
	雅爾哈善二月
	程景伊
	勒爾森
	秦蕙田正月甲
	書山
	蔡新正月遷。王
	三和
	王際華正月甲
	夢麟九月壬寅
	董邦達九月壬

丁丑
乙酉革。傅森吏部尚書。
酉降。兆惠戶部尚書。
辰遷。何國宗禮部尚書。四月己丑革。歸宣光禮
遷。舒赫德兵部尚書。三月辛亥遷。哈達哈兵部
酉革。納穆札爾工部尚書。
辰遷。秦蕙田工部尚書。
遷。甲戌，三泰吏部左侍郎。
裘曰修吏部左侍郎，未任。五月，歸宣光仍兼管。
吾吏部右侍郎。九月壬寅卒。董邦達吏部右侍
遷。阿里衮戶部左侍郎。
乙酉遷。雅爾哈善戶部右侍郎。九月庚子遷。壬
戌病免。裘曰修戶部右侍郎。
庚午，彭樹葵禮部左侍郎。
遷。甲辰，哈達哈兵部右侍郎。三月己酉遷。丁巳，
辰遷。王際華刑部左侍郎。尋遷。蔡新刑部左侍
際華刑部右侍郎。
辰遷。錢維城工部左侍郎。
遷。阿桂工部右侍郎。
寅遷。陳悳華工部右侍部。

部尚書。

尚書。八月丁亥革。九月庚子，雅爾哈善兵部

十月，裘曰修遷。五福吏部左侍郎。

郎。

寅，夢麟戶部右侍郎。

舒赫德兵部右侍郎。十二月庚辰革。宗室如

郎。六月戊辰告養，免。于敏中署刑部左侍郎。

	乾隆二十三年戊寅
	傅森
	汪由敦正月己酉卒。壬子，劉統勳吏部
	兆惠
	蔣溥
	伍靈安
	歸宣光九月戊戌遷。嵇璜禮部尚書。
尚書。	雅爾哈善八月甲子革。甲戌，都賚兵部
	李元亮
	鄂彌達
	劉統勳正月壬子遷。秦蕙田刑部尚書。
	納穆札爾十一月丁未殉難。舒赫德工
	秦蕙田正月壬子遷。嵇璜工部尚書。九
	三泰四月壬申遷。石柱吏部左侍郎。十
	五福
	蘇昌
	董邦達
	阿里袞四月革。三泰戶部左侍郎。十一
	劉綸
	夢麟四月甲戌遷。吉慶戶部右侍郎。
	裘曰修
	介福
	彭樹葵四月降。金德瑛禮部左侍郎。
	多綸
	金德瑛四月遷。壬申，莊存與禮部右侍
	觀保
	李清芳
松代。	宗室如松
	程景伊
	勒爾森十二月戊午遷。伊祿刑部左侍
	王際華
	書山八月壬午遷。永貴刑部右侍郎。
	于敏中
	三和
	錢維城
	阿桂四月甲戌差。夢麟工部右侍郎。八
	陳惪華

尚書。

尚書。十二月丁巳革。阿里袞兵部尚書。

部尚書。

月戊戌遷。梁詩正工部尚書。

一月庚子卒。舒赫德吏部左侍郎。丁未遷。阿

月丁未殉難。明瑞戶部左侍郎。

郎。

郎。

月丁丑卒。阿桂工部右侍郎。

補。|森|爾|勒遷。午戊月二十郎。侍左部吏|袞|里

乾隆二十四年己卯

傅森

劉統勳

兆惠

蔣溥 正月癸卯遷。李元亮戶部尚書。

伍靈安

嵇璜 閏六月乙酉乞養。陳惪華禮部尚書。

阿里衮

李元亮 正月癸卯遷。梁詩正兵部尚書。

鄂彌達

秦蕙田

舒赫德

梁詩正 正月癸卯遷。歸宣光工部尚書。

勒爾森

五福

蘇昌 九月庚午遷。海明吏部右侍郎。

董邦達

明瑞

劉綸 六月丁未遷。裘曰修戶部左侍郎。

吉慶

裘曰修 六月遷。于敏中戶部右侍郎。

介福

金德瑛

多綸 三月丙午休。己酉，五吉禮部右侍郎。

莊存與 憂免。六月丁未，程景伊禮部右侍郎。

觀保

李清芳 三月丙午休致。己酉，錢汝誠兵部左侍

宗室如松

程景伊 六月丁未遷。錢汝誠兵部右侍郎。尋遷。

伊祿

王際華

永貴

于敏中 遷。六月丁未，謝溶生刑部右侍郎。

三和

錢維城

阿桂

陳惪華 正月癸卯遷。二月壬子，曹瑛工部右侍

	乾隆二十五年庚辰
	傅森
	劉統勳
	兆惠
	李元亮
	伍靈安
	陳悳華
	阿里袞
	梁詩正
	鄂彌達
	秦蕙田
	舒赫德
	歸宣光
	勒爾森
	五福
	海明
	董邦達
	明瑞
	裘曰修
	吉慶
	于敏中
	介福
	金德瑛
	五吉
	程景伊
	觀保
郎。	錢汝誠四月丁亥遷。王
	宗室如松
熊學鵬兵部右侍郎。	熊學鵬十月戊寅遷。謝
	伊祿
	王際華四月丁亥調。錢
	永貴十二月丙申遷。
	謝溶生十月戊寅遷。熊
	三和
	錢維誠
	阿桂
郎。	曹瑛

乾隆二十六年辛巳	
傅森	
劉統勳五月丁未遷。梁詩	
兆惠	
李元亮四月壬辰病免。李	
伍靈安十一月癸丑革。甲	
陳悳華	
阿里袞	
梁詩正五月丁未遷。劉綸	
鄂彌達七月辛丑卒。舒赫	
秦蕙田	
舒赫德七月辛丑遷。阿桂	
歸宣光	
勒爾森十一月丙辰遷。德	
五福十月己卯遷。彭啓豐	
海明	
董邦達	
明瑞	
裘曰修遷。十一月，于敏中	
吉慶十一月丙申革。安泰	
于敏中遷。十一月辛酉，錢	
介福	
金德瑛五月丁未遷。辛酉，	
五吉	
程景伊十月丙子遷。何國	
觀保	
王際華	際華兵部左侍郎。
定長五月戊午遷。永寧兵	
謝溶生五月遷。張映辰兵	溶生兵部右侍郎。
伊祿卒。五月戊申，安泰刑	
錢汝誠十一月辛酉遷。錢	汝誠刑部左侍郎。
官保正月癸亥，刑部右侍	
熊學鵬三月戊申遷。錢維	學鵬刑部右侍郎。
三和	
錢維城三月甲寅，范時	
阿貴七月辛丑遷。己酉，納	
曹瑛十月己卯，五福工	

正吏部尚書。

侍堯戶部尚書。
寅，永貴禮部尚書。

兵部尚書。
德刑部尚書。

工部尚書。

保吏部左侍郎。
署吏部左侍郎。

戶部左侍郎。
戶部右侍郎。
汝誠戶部右侍郎。

謝溶生禮部左侍郎。九月丙午降。十月丙子，

宗禮部右侍郎。

部右侍郎。
部右侍郎。
部左侍郎。十一月丙申遷。阿永阿刑部左侍
維城刑部左侍郎。
郎。
城刑部右侍郎。十一月遷。張泰開刑部右侍

紀工部左侍郎。
世通工部右侍郎。
部右侍郎。

	乾隆二十七年壬午
	傅森
	梁詩正
	兆惠
	李侍堯
	永貴
	陳悳華
	阿里袞
	劉綸
	舒赫德
	秦蕙田
	阿桂
	歸宣光 十二月丁未卒。
	德保 四月降。仍留。
	彭啓豐 四月，吏部左侍
	海明 五月戊申遷。觀保
	董邦達 正月戊申遷。程
	明瑞 遷。九月己丑，英廉
	于敏中
	安泰
	錢汝誠
	介福 卒。四月丙子，伍靈
程景伊禮部左侍郎。	程景伊
	五吉
	何國宗 三月庚申休。四
	觀保 五月戊申遷。鍾音
	王際華
	永寧
	張映辰 四月辛卯革。五
郎。	阿永阿
	錢維城
	官保
郎。	張泰開 四月辛巳遷。葉
	三和
	范時紀
	納世通
	五福

乾隆	
傅森	
梁詩	
兆惠	
李侍	
永貴	
陳悳	
阿里	
劉綸	
舒赫	
秦蕙	
阿桂	
董邦	董邦達工部尚書。
德保	
梁國	郎。十二月丁未遷。梁國治吏部左侍郎。
觀保	吏部右侍郎。
程巖	巖吏部右侍郎。
英廉	戶部左侍郎。
于敏	
安泰	
錢汝	
伍靈	安禮部左侍郎。
程景	
五吉	
張泰	月辛巳，張泰開禮部右侍郎。
鍾音	兵部左侍郎。
王際	
永寧	
蔡長	月丙午，蔡長澐兵部右侍郎。
阿永	
錢維	
官保	
葉存	存仁刑部右侍郎。
三和	
范時	
納世	
五福	

二十八年癸未

正 六月壬寅遷。陳宏謀吏部尚書。

堯 五月甲戌遷。劉綸戶部尚書。

華

衮

五月甲戌遷。陳宏謀兵部尚書。六月壬寅，彭

德

田

達

治

中

誠

安 五月，五吉禮部左侍郎。

伊

五月遷。雙慶禮部右侍郎。

開 六月壬寅遷。李因培禮部右侍郎。

華

二月甲辰遷。旌額里兵部右侍郎。

溎 卒。十二月乙未，蔣檙兵部右侍郎。

阿

城

仁 正月壬午遷。蔡鴻業刑部右侍郎。

紀

通

乾隆二十九年甲申		
傅森		
陳宏謀		
兆惠	十一月乙丑卒。丁卯，阿	
劉綸		
永貴		
陳悳華	十二月甲午解任。董	
阿里衮	十一月丁卯遷。託恩	
彭啓豐		啓豐兵部尚書。
舒赫德		
秦蕙田	八月丙寅卒。莊有恭	
阿桂		
董邦達	十二月甲午遷。楊廷	
德保		
梁國治		
觀保	二月己巳遷。旌額里吏	
程巖		
英廉		
于敏中		
安泰		
錢汝誠		
五吉	十一月丁卯遷。雙慶禮	
程景伊		
雙慶	十一月丁卯遷。鄂寧禮	
李因培	十二月丁酉遷。李宗	
鍾音		
王際華		
旌額里	二月己丑調。觀保兵	
蔣檙		
阿永阿		
錢維城		
官保		
蔡鴻業		
三和		
范時紀		
納世通		
五福		

乾隆三十年乙酉	
傅森十一月乙酉遷。託恩多	
陳宏謀	
阿里衮	里衮戶部尚書。
劉綸正月癸丑憂。于敏中戶	
永貴	
董邦達	邦達禮部尚書。
託恩多十一月乙酉遷。託庸	多兵部尚書。
彭啓豐	
舒赫德	
莊有恭	刑部尚書。
阿桂十二月戊申差。蘊著工	
楊廷璋六月己酉遷。董邦達	璋工部尚書。
德保	
梁國治九月庚辰革。程景伊	
旌額里	部右侍郎。
程巖閏二月己巳遷。庚午，范	
英廉	
于敏中正月癸丑遷。裘曰修	
安泰七月乙未遷。高恆戶部	
錢汝誠五月丁丑乞養。庚辰，	
雙慶三月丁亥降。鄂寧禮部	部左侍郎。
程景伊九月庚辰遷。劉星煒	
鄂寧遷。三月己亥，額爾景額	部右侍郎。
李宗文閏二月己巳遷。程巖	文禮部右侍郎。
鍾音	
王際華五月遷。庚辰，陸宗楷	
觀保七月戊子遷。奇成額兵	部右侍郎。
蔣檙	
阿永阿五月丙子，四達刑	
錢維城	
官保三月癸卯遷。五月丙子，	
蔡鴻業九月庚辰，何逢僖	
三和	
范時紀閏二月己巳遷。李宗	
納世通三月己亥革。癸卯，官	
五福	

	乾隆三十一年丙戌
吏部尚書。	託恩多
	陳宏謀
	阿里袞
部尚書。	于敏中
	永貴
	董邦達正月乙未遷。張
兵部尚書。	託庸
	彭啓豐十月癸丑降。甲
	舒赫德
	莊有恭正月乙未革。李
部尚書。	蘊著
兼署工部尚書。	董邦達正月乙未，補工
	德保
吏部左侍郎。	程景伊正月辛卯遷。乙
	旌額里
時綬吏部右侍郎。	范時綬正月乙未遷。何
	英廉
戶部左侍郎。	裘曰修
右侍郎。	高恆
王際華戶部右侍郎。	王際華
左侍郎。	鄂寧二月遷。額爾景額
禮部左侍郎。	劉星煒十月甲寅遷。程
禮部右侍郎。	額爾景額二月遷。癸亥，
禮部右侍郎。	程巖十月甲寅遷。羅源
	鍾音
兵部左侍郎。	陸宗楷正月乙未遷。史
部右侍郎。	奇成額
	蔣櫄
部左侍郎。	四達
	錢維城
綽克托刑部右侍郎。	綽克托
刑部右侍郎。	何逢禧正月辛巳遷。吳
	三和
文工部左侍郎。	李宗文
保工部右侍郎。	官保四月駐藏。五月壬
	五福正月辛卯革。程景

泰開禮部尚書。

寅，陸宗楷兵部尚書。

侍堯署刑部尚書。

部尚書。

未，陸宗楷吏部左侍郎。十月甲寅遷。程景伊吏

逢僖吏部右侍郎。

禮部左侍郎。

嚴禮部左侍郎。十二月庚申乞休。

珠魯訥禮部右侍郎。五月壬申遷。訥穆渾禮部

漢禮部右侍郎。

奕昂兵部左侍郎。十月癸丑罷。彭啓豐兵部左

紹詩刑部右侍郎。二月辛亥遷。

申，珠魯訥工部右侍郎。

伊工部右侍郎。十月甲寅遷。劉星煒工部右侍

乾隆三十二年丁亥	
託恩多	
陳宏謀 三月辛巳遷。劉綸吏部尚	
阿里袞	
于敏中	
永貴	
張泰開 五月庚午遷。嵇璜禮部尚	
託庸 三月丙寅遷。明瑞兵部尚書。	
陸宗楷	
舒赫德	
李侍堯 三月庚寅遷。楊廷璋刑部	
蘊著 三月丙寅降。託庸工部尚書。	
董邦達 八月癸酉調。裘曰修工部	
德保	
程景伊	部左侍郎。
旌額里	
何逢僖	
英廉	
裘曰修 七月辛巳遷。王際華戶部	
高恆	
王際華 七月遷。范時紀戶部右侍	
額爾景額	
金甡 正月戊辰，禮部左侍郎。	
諾穆渾	右侍郎。
羅源漢 七月丙戌遷。倪承寬禮部	
鍾音 八月乙酉遷。奇成額兵部左	
彭啓豐	侍郎。
奇成額差。八月乙酉，奉寬兵部右	
蔣檙 五月丙寅卒。周煌兵部右侍	
四達	
錢維城	
綽克托	
周煌 五月丙寅遷。蔡新刑部右侍	
三和	
李宗文	
珠魯訥	
劉星煒	郎。

書。

書。七月辛巳遷。裘曰修禮部尚書。八月癸酉調。

尚書。

尚書。

左侍郎。

郎。

右侍郎。

侍郎。

侍郎。

郎。

郎。

	乾隆三十三年戊子
	託恩多十二月庚申革。永
	劉綸
	阿里袞
	于敏中
	永貴十二月庚申遷。觀保
董邦達禮部尚書。	董邦達
	明瑞三月丙戌陣亡。福隆
	陸宗楷
	舒赫德四月戊寅察議。託
	楊廷璋八月壬申遷。裘曰
	託庸四月戊寅遷。福隆安
	裘曰修八月壬申遷。蔡新
	德保
	程景伊
	旌額里
	何逢僖
	英廉
	王際華
	高恆十月丙辰，伊克坦
	范時紀
	額爾景額二月卒。甲子，諾
	金甡
	諾穆渾二月遷。甲子，德福
	倪承寬
	奇成額
	彭啓豐三月壬寅乞休。周
	奉寬
	周煌遷。三月，宋邦綏兵部
	四達
	錢維城
	綽克托
	蔡新八月壬申遷。張若溎
	三和
	李宗文七月戊子，劉星
	珠魯訥三月陣亡。鄂忻工
	劉星煒七月戊子遷。曹秀

貴吏部尚書。

禮部尚書。

安兵部尚書。四月戊寅遷。阿桂兵部尚書。六月

庸刑部尚書。七月甲午調。官保刑部尚書。

修刑部尚書。九月辛亥憂。蔡新刑部尚書。

工部尚書。

工部尚書。九月辛亥遷。嵇璜工部尚書。

布戶部右侍郎。

穆渾禮部左侍郎。

禮部右侍郎。

煌兵部左侍郎。

右侍郎。

刑部右侍郎。

煒工部左侍郎。

部右侍郎。

先工部右侍郎。

乾隆三十四年	
永貴十一月壬	
劉綸	
阿里袞十一月	
于敏中	
觀保十月辛未	
董邦達七月戊	
託庸十月壬申	遷。七月甲午，託庸兵部尚書。
陸宗楷七月己	
官保十一月乙	
蔡新七月乙亥	
福隆安	
嵇璜二月甲寅	
德保十二月遷。	
程景伊二月遷。	
旌額里十二月	
何逢禧二月甲	
英廉	
王際華十一月	
伊克坦布二	
范時紀十一月	
諾穆渾	
金甡	
德福	
倪承寬	
奇成額八月	
周煌	
奉寬	
宋邦綏十一月	
四達	
錢維城	
綽克托八月辛	
張若溎	
三和	
劉星煒	
鄂忻二月丙	
曹秀先	

己丑

申遷。託庸吏部尚書。

乙酉卒。官保戶部尚書。

遷。永貴禮部尚書。十二月丙辰革。己巳，阿桂

戊卒。己亥，陸宗楷禮部尚書。十月辛未降。壬

遷。伊勒圖兵部尚書。

亥遷。蔡新兵部尚書。

酉遷。素爾訥刑部尚書。

遷。吳紹詩刑部尚書。十月壬申遷。裘曰修刑

降。程景伊工部尚書。

旌額里吏部左侍郎。

癸酉，何逢禧吏部左侍郎。卒。十二月丁巳，袁

遷。阿思哈吏部右侍郎。

寅遷。羅源漢吏部右侍郎。

遷。范時紀戶部左侍郎。

月甲戌，索琳戶部右侍郎。

庚寅遷。宋邦綏戶部右侍郎。

辛亥，綽克托署兵部左侍郎。

辛卯遷。蔣元益兵部右侍郎。

亥遷。伍納璽刑部右侍郎。

寅，德承工部右侍郎。

禮部尚書。

申，吳紹詩禮部尚書。十一月丁亥革。庚寅，王

部尚書。

守侗吏部左侍郎。

	乾隆三十五年庚寅
	託庸
	劉綸
	官保六月丁未調。素爾訥戶
	于敏中
	阿桂八月戊寅革。己卯,永貴
際華禮部尚書。	王際華
	伊勒圖赴伊犁。六月壬辰,豐
	蔡新
	素爾訥六月丁亥調。官保刑
	裘曰修閏五月甲子解任。程
	福隆安七月丁巳憂。溫福兼
	程景伊閏五月甲子遷。范時
	旌額里
	袁守侗
	阿思哈二月革。閏五月,溫福
	羅源漢三月壬午降。辛卯,曹
	英廉
	范時紀
	索琳
	宋邦綏卒。正月己亥,曹秀先
	諾穆渾
	金甡
	德福
	倪承寬
	綽克托七月乙巳遷。博清額
	周煌
	奉寬
	蔣元益
	四達四月甲寅休。伍納璽刑
	錢維城
	伍納璽四月遷。喀寧阿刑部
	張若溎閏五月遷。六月癸未,
	三和
	劉星煒十二月病免。裘曰修
	德承
	曹秀先正月己亥遷。徐績工

部尚書。

禮部尚書。

昇額署兵部尚書。

部尚書。

景伊刑部尚書。

署工部尚書。

綬工部尚書。

吏部右侍郎。七月遷。瑚世泰吏部右侍郎。

秀先吏部右侍郎。

戶部右侍郎。三月辛卯遷。蔣賜棨戶部右侍郎。

署兵部左侍郎。

部左侍郎。

右侍郎。閏五月戊申罷。邁拉遜刑部右侍郎。六

劉秉恬刑部右侍郎。七月乙丑遷。余文儀刑部

工部左侍郎。

部右侍郎。

月甲午遷。瑚世泰刑部右侍郎。七月緯克托

右侍郎。

	乾隆三十六年辛卯
	託庸
	劉綸 二月辛卯遷。程景伊吏部
	素爾訥 十一月丁巳遷。舒赫德
	于敏中
	永貴
	王際華
	豐昇額
	蔡新
	官保
	程景伊 二月辛卯遷。范時綬刑
	福隆安
	范時綬 二月辛卯遷。裘曰修工
	旌額里 七月卒。邁拉遜吏部左
	袁守侗
	瑚世泰
	曹秀先
	英廉
	范時紀
	索琳 三月壬寅降。癸卯，桂林戶
	蔣賜棨
	諾穆渾
	金甡
	德福
	倪承寬
	博清額 三月戊午降。綽克托署
	周煌
	奉寬
	蔣元益
	伍納璽 十二月己卯，瑪興阿
	錢維城
刑部右侍郎。	綽克托 十一月己亥遷。鄂寶刑
	余文儀 五月辛丑遷。吳紹詩刑
	三和
	裘曰修 二月辛卯遷。壬辰，閻循
	德承
	徐績 遷。十月壬辰，嵇璜工部右

乾	
託	尚書。
程	戶部尚書。
舒	
于	
永	
王	
豐	
蔡	
官	
楊	部尚書。十月丁亥遷。楊廷璋刑部尚書。
福	
裘	部尚書。
邁	侍郎。
袁	
瑚	
曹	
英	
范	
福	部右侍郎。十一月遷。福康安戶部右侍郎。
蔣	
諾	
金	
德	
倪	
綽	兵部左侍郎。十二月己卯補。
周	
奉	
蔣	
瑪	刑部左侍郎。
錢	
鄂	部右侍郎。
吳	部右侍郎。
三	
閻	琦工部左侍郎。
德	
嵇	侍郎。

乾	隆三十七年壬辰
託	庸
程	景伊
舒	赫德
于	敏中
永	貴
王	際華
豐	昇額
蔡	新
官	保
崔	廷璋　正月癸卯卒。崔應階刑部尚書。
福	隆安
裘	日修
邁	拉遜
曹	守侗　二月甲申遷。曹孝先吏部左侍郎。
瑚	世泰
吳	孝先　二月遷。吳紹詩吏部右侍郎。
英	廉
范	時紀
福	康安
蔣	賜棨
諾	穆渾
金	甡
德	福
倪	承寬
期	克托　四月戊子遷。期成額兵部左侍郎。
周	煌
奉	寬
蔣	元益
綽	興阿　四月差。戊子，綽克托刑部左侍郎。
袁	維城　二月甲申憂免。袁守侗刑部左侍郎。
雅	寶　三月庚申遷。雅德署刑部右侍郎。
吳	紹詩　二月遷。甲申，吳壇刑部右侍郎。
三	和
閻	循琦
德	承
嵇	璜

隆三十八年癸巳
庸九月庚辰乞休。官保吏部尚書。
景伊
赫德正月戊午，永貴署戶部尚書。七月甲子，
敏中八月戊子遷。王際華戶部尚書。
貴正月戊午，阿桂禮部尚書。七月甲子遷。永
際華八月戊子遷。蔡新禮部尚書。
昇額
新八月戊子遷。嵇璜兵部尚書。
保九月庚辰遷。英廉刑部尚書，仍兼戶部侍郎。
應階
隆安
曰修五月辛酉卒。嵇璜工部尚書。八月戊子調。
拉遜
孝先
世泰
紹詩
廉
時紀
康安
賜檗
穆渾閏三月遷。德福禮部左侍郎。十二月，瑪興
甡九月己未休致。壬申，李宗文禮部左侍郎。
福遷。閏三月，瑪興阿禮部右侍郎。十二月遷。巳
承寬遷。正月乙卯，李宗文禮部右侍郎。九月壬
成額
煌
寬
元益
克托
守侗
德
壇
和八月卒。德承工部左侍郎。
循琦八月戊子遷。乙巳，謝墉工部左侍郎。
承八月乙巳遷。劉浩工部右侍郎。
璜五月辛酉遷。謝墉工部右侍郎。八月乙巳遷。

	乾隆三十九年甲
	官保
	程景伊
舒赫德。遷阿桂戶部尚書。	阿桂
	王際華
貴禮部尚書。	永貴
	蔡新
	豐昇額
	嵇璜
	英廉
	崔應階
	福隆安
閻循琦工部尚書。	閻循琦
	邁拉遜
	曹孝先
	瑚世泰
	吳紹詩十二月乙
	英廉
	范時紀六月甲午
	福康安
	蔣賜棨七月甲戌
阿代。	瑪興阿
	李宗文正月甲午
丑，德明禮部右侍郎。	德明
申。遷莊存與禮部右侍郎。	莊存與
	期成額
	蔣元益
	奉寬三月卒。四月
	劉秉恬
	綽克托
	袁守侗十二月遷。
	雅德
	吳壇七月甲戌革。
	德承
	謝墉
	劉浩
李友棠工部右侍郎。	李友棠

午

酉休致。癸巳，袁守侗吏部右侍郎。

調。梁國治戶部左侍郎。

革。金簡戶部右侍郎。

差。梁國治署禮部左侍郎。六月甲午遷。范時

庚戌，高樸署兵部右侍郎。

戊戌，胡季堂刑部左侍郎。

胡季堂刑部右侍郎。十二月戊戌遷。王杰刑

	乾隆四十年乙未
	官保
	程景伊
	阿桂
	王際華
	永貴
	蔡新十二月丁未遷。曹孝
	豐昇額六月壬辰補。
	嵇璜十二月丁未遷。蔡新
	英廉
	崔應階
	福隆安
	閻循琦十二月丁未卒。嵇
	邁拉遜
	曹孝先十二月遷。袁守侗
	瑚世泰
	袁守侗十二月遷。劉秉恬
	英廉
	梁國治
	福康安
	金簡
	瑪興阿
紀署禮部左侍郎。	李宗文
	德明
	莊存與
	期成額四月卒。高樸兵部
	蔣元益
	高樸四月遷。辛丑，景福兵
	蔣元益
	綽克托
	胡季堂
	雅德
部右侍郎。	王杰
	德承
	謝墉
	劉浩
	李友棠十一月甲申，董

乾隆四十一年丙申	
官保 正月己丑乞休。阿桂吏	
程景伊	
阿桂 正月己丑遷。豐昇額戶	
王際華 三月辛卯卒。袁守侗	
永貴	
曹孝先	先禮部尚書。
豐昇額 正月己丑遷。福隆安	
蔡新	兵部尚書。
英廉	
崔應階 十月辛亥遷。余文儀	
福隆安 正月己丑遷。綽克托	
嵇璜	璜工部尚書。
邁拉遜	
袁守侗 三月遷。四月癸卯，劉	吏部左侍郎。
瑚世泰	
劉秉恬 四月，遷。吳嗣爵吏部	吏部右侍郎。
英廉 正月己丑免兼。福康安	
梁國治	
福康安 正月己丑遷。和珅戶	
金簡	
瑪興阿	
李宗文	
德明 二月免。丙辰，達敏禮部	
莊存與 六月丁未，沈初禮	
高樸	左侍郎。
周煌	
景福	部右侍郎。
蔣元益	
綽克托 正月己丑遷。阿揚阿	
胡季堂	
雅德	
王杰	
德承	
謝墉	
劉浩	
董誥	誥工部右侍郎。

	乾隆二十四
部尚書。	阿桂五月丁
	程景伊
部尚書。	豐昇額十月
戶部尚書。	袁守侗十一
	永貴五月丁
	曹孝先
兵部尚書。	福隆安
	蔡新
	英廉十月戊
刑部尚書。	余文儀十一
工部尚書。	綽克托
	嵇璜
	邁拉遜三月
秉恬吏部左侍郎。	劉秉恬
	瑚世泰三月
右侍郎。	吳嗣爵十月
戶部左侍郎。	福康安六月
	梁國治十一
部右侍郎。	和珅六月乙
	金簡六月乙
	瑪興阿
	李宗文八月
右侍郎。五月，阿肅禮部右侍郎。	阿肅
部右侍郎。	沈初
	高樸
	周煌
	景福
	蔣元益
刑部左侍郎。	阿揚阿
	胡季堂
	雅德
	王杰四月庚
	德承
	謝墉
	劉浩六月乙
	董誥六月乙

年丁酉

亥遷。永貴吏部尚書。

戊戌卒。英廉戶部尚書。

月甲戌遷。梁國治戶部尚書。

亥遷。富勒渾禮部尚書。

戌遷。德福刑部尚書。

月壬申乞休。甲戌，袁守侗刑部尚書。

戊寅遷。瑚世泰吏部左侍郎。

遷。戊子，慶桂吏部右侍郎。

庚子休致。王杰吏部右侍郎。

乙卯遷。和珅戶部左侍郎。

月甲戌遷。董誥戶部左侍郎。

卯遷。金簡戶部右侍郎。

卯，改滿戶部右侍郎。董誥戶部右侍郎。十一

病免。范時紀禮部左侍郎。

子遷。錢汝誠刑部右侍郎。

卯，改漢右侍郎。舒常工部滿右侍郎。十月遷。

卯遷。劉浩工部漢右侍郎。

月甲戊還。劉墉戶部右侍郎。

博清額署工部右侍郎。甲寅，雅德工部右侍郎。

乾隆四十三年戊戌	
永貴	二月己酉革。綽克托吏部尚書。九月甲寅
程景伊	
英廉	
梁國治	
富勒渾	二月己酉遷。特成額禮部尚書。壬子遷。
曹秀先	
福隆安	
蔡新	
德福	
袁守侗	
綽克托	二月己酉遷。富勒渾工部尚書。
嵇璜	
瑚世泰	
劉秉恬	
慶桂	
王杰	
和珅	
董誥	
金簡	
劉墉	
瑪興阿	十二月降。癸酉,申保禮部左侍郎。
范時紀	正月乙酉遷。謝墉禮部左侍郎。
阿肅	
沈初、	
高樸	九月壬寅革逮。甲辰,金輝兵部左侍郎。
周煌	
景福	
蔣元益	三月己丑休致。顏希深兵部右侍郎。
阿揚阿	
胡季堂	
雅德	十月遷。喀寧阿刑部右侍郎。
錢汝誠	
德承	
謝墉	正月乙酉遷。徐績工部左侍郎。
雅德	
劉浩	

革。永貴吏部尚書。

鍾音禮部尚書。九月戊戌卒。己亥，德保禮部尚書。

乾隆四十四年己亥	
永貴	
程景伊	十二月己巳遷。嵇璜吏部尚書。
英廉	
梁國治	
德保	
曹孝先	
福隆安	
蔡新	
德福	
袁守侗	四月戊寅遷。胡季堂刑部尚書。
富勒渾	十二月戊午遷。綽克托工部尚書。
嵇璜	十二月己巳遷。周煌工部尚書。
瑚世泰	四月壬午卒。綽克托吏部左侍郎。
劉秉恬	正月憂免。二月己未，王杰吏部左
慶桂	十二月遷。惠齡吏部右侍郎。
王杰	二月己未遷。劉墉吏部右侍郎。
和珅	
董誥	
金簡	
劉墉	二月己未遷。丙子，彭元瑞戶部右侍
申保	二月丙子遷。三月戊子，阿肅禮部左
謝墉	
阿肅	遷。三月戊子，達椿禮部右侍郎。
沈初	十月壬子，莊存與禮部右侍郎。
金輝	五月卒。書麟兵部左侍郎。
周煌	十二月遷。顏希深兵部左侍郎。
景福	十二月丙辰，博清額兵部右侍郎。
顏希深	十二月遷。羅源漢兵部右侍郎。
阿揚阿	
胡季堂	四月戊寅遷。杜玉林刑部左侍郎。
喀寧阿	
伍納璽	五月，白瀛刑部右侍郎。
德承	
徐績	
雅德	三月遷。惠齡工部右侍郎。十二月戊
劉浩	三月戊戌革。海成工部右侍郎。尋遷。

十二月戊午遷。慶桂吏部左侍郎。

侍郎。

郎。

侍郎。

午遷。德承工部右侍郎。

汪廷璵工部右侍郎。十二月憂免。胡高望代。

乾隆四十五年庚子	
永貴	
嵇璜	九月戊寅遷。蔡新吏部尚書。
英廉	三月辛丑遷。和珅戶部尚書。
梁國治	
德保	
曹孝先	
福隆安	
蔡新	九月戊寅遷。周煌兵部尚書。
德福	
胡季堂	
綽克托	
周煌	遷。九月戊寅，周元理工部尚書。
慶桂	十一月遷。惠齡吏部左侍郎。
王杰	
惠齡	十一月遷。阿肅吏部右侍郎。
劉墉	三月壬辰遷。癸巳，謝墉吏部左侍郎。
和珅	三月辛丑遷。金簡戶部左侍郎。
董誥	
金簡	三月辛丑遷。福長安戶部右侍郎。
彭元瑞	
阿肅	十一月壬午遷。達椿禮部左侍郎。
謝墉	三月癸巳遷。錢載禮部左侍郎。
達椿	十一月遷。德明禮部右侍郎。
莊存與	
瑪興阿	三月，兵部左侍郎。諾穆親署。
顏希深	四月遷。辛酉，周元理兵部左侍郎。九月
景福	
羅源漢	遷。三月癸巳，曹文埴兵部右侍郎。
阿揚阿	
杜玉林	
穆精阿	四月，刑部右侍郎。
白瀛	卒。三月己巳，姜晟刑部右侍郎。
德成	
徐績	
海成	十一月己酉革。諾穆親工部右侍郎。
胡高望	

乾隆四十六年辛	
永貴	
蔡新	
和珅	
梁國治	
德保	
曹秀先	
福隆安	
周煌	
德福	
胡季堂	
綽克托	
周元理十一月庚	
惠齡	
王杰	
阿肅	
謝墉	
金簡	
董誥	
福長安	
彭元瑞	
德明	
錢載	
達椿	
莊存與	
瑪興阿	
沈初	戊辰遷。沈初兵部左侍郎。
景福	
曹文埴遷。七月癸	
阿揚阿	
杜玉林	
穆精阿	
姜晟	
德成	
徐績	
諾穆親	
胡高望	

丑	乾隆四十七年壬
	永貴
	蔡新四月壬辰假。
	和珅
	梁國治
	德保
	曹秀先
	福隆安
	周煌
	德福八月癸卯卒。
	胡季堂
	綽克托
子乙休。羅源漢工部尚書。	羅源漢四月甲午
	惠齡
	王杰四月甲午遷。
	阿肅
	謝墉五月遷。彭元
	金簡
	董誥
	福長安
	彭元瑞四月甲午
	德明
	錢載
	達椿
	莊存與
	瑪興阿
	沈初五月告養，免。
	景福
丑，錢士雲兵部右侍郎。	錢士雲五月戊戌
	阿揚阿
	杜玉林正月丁卯
	穆精阿
	姜晟二月戊辰遷。
	德成
	徐績四月壬申革。
	諾穆親
	胡高望四月乙亥

寅

劉墉署吏部尚書。

喀寧阿刑部尚書。

乞休。劉墉工部尚書。

五月戊戌，謝墉吏部左侍郎。

瑞吏部右侍郎。

遷。曹文埴戶部右侍郎。

戊戌，錢士雲兵部左侍郎。

遷。紀昀兵部右侍郎。

降。戊辰，姜晟刑部左侍郎。

汪承霈刑部右侍郎。六月丁卯遷。杜玉林刑

乙亥，胡高望工部左侍郎。

遷。杜玉林工部右侍郎。六月丁卯遷。汪承霈

	乾隆四十八年癸卯
	永貴 五月丙午卒。丁未，伍彌泰
	蔡新 七月乙卯遷。劉墉吏部尚
	和珅
	梁國治
	德保
	曹孝先
	福隆安
	周煌
	喀寧阿
	胡季堂
	綽克托
	劉墉 七月乙卯遷。金簡工部尚
	惠齡
	謝墉
	阿肅 二月乙丑革。諾穆親吏部
	彭元瑞 五月遷。甲辰，吳垣吏部
	金簡 七月乙卯遷。福長安戶部
	董誥
	福長安 七月乙卯遷。諾穆親戶
	曹文埴
	德明
	錢載 三月辛丑乞休。丁未，金士
	達椿
	莊存與
	瑪興阿
	錢士雲 三月辛丑休致。戊寅，紀
	景福 八月卒。戊寅，勒保兵部右
	紀昀 三月遷。朱椿兵部右侍郎。
	阿揚阿
	姜晟
	穆精阿
部右侍郎。	杜玉林
	德成
	胡高望
	諾穆親 二月己丑遷。塔彰阿工
工部右侍郎。	汪承霈

乾	
伍	吏部尚書。
劉	書。
和	
梁	
德	
曹	
福	
周	
喀	
胡	
綽	
金	書。
惠	
謝	
玉	右侍郎。七月乙卯遷。玉鼎柱吏部右侍郎。
吳	右侍郎。
福	左侍郎。
董	
諸	部右侍郎。
曹	
德	
金	松禮部左侍郎。
達	
莊	
瑪	
紀	昀兵部左侍郎。
勒	侍郎。
彭	五月甲辰遷。彭元瑞兵部右侍郎。
阿	
姜	
穆	
杜	
德	
胡	
塔	部右侍郎。
汪	

隆四十九年甲辰

彌泰七月癸酉遷。和珅吏部尚書。

墉

珅七月癸酉遷。福康安戶部尚書。

國治

保

孝先七月丁巳卒。姚成烈禮部尚書。

隆安三月丙辰卒。福康安兵部尚書。五月辛

煌三月丁亥遷。王杰兵部尚書。

寧阿

季堂

克托五月丙辰逮。慶桂工部尚書。五月辛巳遷。

簡

齡

墉

鼎柱

垣正月甲寅遷。彭元瑞吏部右侍郎。

長安

誥

穆親

文埴

明

士松正月甲寅遷。二月，莊存與禮部左侍郎。

椿

存與二月遷。陸費墀禮部右侍郎。

興阿

昀

保

元瑞正月甲寅遷。金士松兵部右侍郎。

揚阿五月辛巳遷。穆精阿刑部左侍郎。

晟

精阿五月辛巳遷。塔琦刑部右侍郎。六月戊申

玉林

成

高望十二月降。汪承霈工部左侍郎。

彰阿五月丁巳降。伊齡阿工部右侍郎。

承霈十二月遷。韓鐄工部右侍郎。

	乾隆五十年乙巳
	和珅
	劉墉
	福康安
	梁國治五月丙子遷。
	德保
	姚成烈
已遷。慶桂兵部尚書。	慶桂
	王杰
	喀寧阿
	胡季堂
復興工部尚書。	復興三月戊辰遷。舒
	金簡
	惠齡
	謝墉
	玉鼎柱
	彭元瑞
	福長安
	董誥
	諾穆親
	曹文埴五月丙子遷。
	德明
	莊存與
	達椿
	陸費墀
	瑪興阿
	紀昀正月遷。金士松
	勒保
	金士松正月遷。李綬
	穆精阿
	姜晟
遷。景祿刑部右侍郎。	景祿四月丁酉革。琅
	杜玉林四月丁酉革。
	德成
	汪承霈五月丙子遷。
	伊齡阿
	韓鑅六月丁酉免。梁

乾隆	
和珅	
劉墉	
福康	
曹文	曹文埴戶部尚書。
德保	
姚成	
慶桂	
王杰	
喀寧	
胡季	
舒常	常工部尚書。
金簡	
惠齡	
謝墉	
玉鼎	
彭元	
福長	
董誥	
諾穆	
汪承	汪承霈戶部右侍郎。
德明	
莊存	
達椿	
陸費	
瑪興	
金士	兵部左侍郎。
勒保	
沈初	兵部右侍郎。五月遷。沈初兵部右侍郎。
穆精	
姜晟	
琅玕	玕刑部右侍郎。
阮葵	阮葵生刑部右侍郎。
德成	
李綬	李綬工部左侍郎。
伊齡	
梁敦	敦書工部右侍郎。

五十一年丙午

閏七月乙未遷。福康安吏部尚書。

安　閏七月乙未遷。福長安戶部尚書。九月甲午

埴

烈　正月辛酉卒。彭元瑞禮部尚書。

阿

堂

杜

瑞　正月辛酉遷。竇光鼐吏部右侍郎。閏七月己

安　閏七月乙未遷。諾穆親戶部左侍郎。

親　閏七月乙未遷，松筠戶部右侍郎。

霈

與　正月丁卯休。藍應元禮部左侍郎。

墀　三月癸卯遷。朱珪禮部右侍郎。

阿

松　閏七月己丑遷。劉秉恬兵部左侍郎。

遷。十月，伊齡阿兵部右侍郎。

阿

九月乙未遷。長麟刑部右侍郎。

生

阿　三月辛未遷。蘇凌阿工部右侍郎。九月戊子

書　四月丙申，趙鋘工部右侍郎。

	乾隆五十二年丁
	福康安
	劉墉
遷。綽克托戶部尚書。	綽克托
	曹文埴正月庚寅
	德保
	彭元瑞正月丁亥
	慶桂
	王杰正月丁亥遷。
	喀寧阿
	胡季堂
	舒常
	金簡
	惠齡
	謝墉
	玉鼎柱二月癸丑
丑革。金士松吏部右侍郎。	金士松
	諾穆親
	董誥正月庚寅遷。
	松筠
	汪承霈
	德明
	藍應元
	達椿
	朱珪十二月庚戌
	瑪興阿二月遷。癸
	劉秉恬正月庚寅
	伊齡阿
	沈初二月遷。吳玉
	穆精阿
	姜晟三月辛卯遷。
	長麟二月乙巳遷。
	阮葵生二月卒。王
	德成
	李綬二月遷。庚申，
遷。鄂彌達工部右侍郎。	鄂彌達
	趙鋐二月庚申遷。

未

乞養。董誥戶部尚書。

遷。紀昀禮部尚書。

彭元瑞兵部尚書。

遷。瑪興阿吏部右侍郎。

蔣賜棨戶部左侍郎。

差。劉躍雲署禮部右侍郎。

丑，海寧兵部左侍郎。

遷。二月，沈初兵部左侍郎。

綸兵部右侍郎。

李封刑部左侍郎。

丙午，明興刑部右侍郎。

祖刑部右侍郎。

趙鋐工部左侍郎。

劉躍雲工部右侍郎。十二月庚戌遷。韓鑅工部

乾隆五十三年戊申

福康安

劉墉

綽克托

董誥

德保

紀昀

慶桂

彭元瑞

喀寧阿

胡季堂

舒常

金簡

惠齡 七月辛巳遷。瑪興阿吏部左侍

謝墉 三月己巳降。朱珪吏部左侍郎。

瑪興阿 七月辛巳遷。保成吏部右侍

金士松

諾穆親

蔣賜棨

松筠

汪承霈

德明

藍應元 三月戊子乞休。四月丁未，朱

達椿

朱珪 四月丁未遷。劉躍雲禮部右侍

海寧 十一月癸亥遷。伊齡阿兵部左

沈初

伊齡阿 十一月遷。吉慶兵部右侍郎。

吳玉綸 七月己巳降。趙鍈兵部右侍

穆精阿

李封 七月辛巳免。

明興

王昶

德成

趙鍈 七月己巳遷。管幹貞工部左侍

鄂彌達

韓鑅

右侍郎。

郎。

郎。

珪 禮部左侍郎。七月己巳遷。鄭奕孝 禮部左侍郎

郎。

侍郎。

郎。

郎。

乾隆五十四年己酉
福康安
劉墉 三月乙丑降。彭元瑞吏部尚書。
綽克托 七月庚子卒。丙午,巴延三戶部尚
董誥
德保 正月癸酉卒。常青禮部尚書。
紀昀
慶桂
彭元瑞 三月乙丑遷。孫士毅兵部尚書。
喀寧阿
胡季堂
舒常
金簡
瑪興阿
朱珪
保成
金士松
諾穆親
蔣賜棨
松筠
汪承霈 十月丙子免。韓鑅戶部右侍郎。
德明
郎。
鄒奕孝 六月乙丑遷。竇光鼐禮部左侍郎。
達椿 正月癸酉遷。鐵保禮部右侍郎。
劉躍雲 九月己亥憂免。劉墉禮部右侍郎。
伊齡阿 十月降。吉慶兵部左侍郎。
沈初
吉慶 十一月遷。明興兵部右侍郎。
趙鋐
穆精阿
姜晟
明興 十月丙子察議。玉德刑部右侍郎。
王昶
德成
管幹貞 六月遷。韓鑅工部左侍郎。十月遷。
鄂彌達 三月,更名阿必達。
韓鑅 六月遷。鄒奕孝工部右侍郎。十月遷。

	乾隆五十五年庚戌
	福康安
	彭元瑞
書。	巴延三
	董誥
	常青
	紀昀
	慶桂
	孫士毅　四月癸酉遷。李
	喀寧阿　八月庚午卒。明
	胡季堂
	舒常
	金簡
	瑪興阿
	朱珪　七月庚寅遷。沈初
	保成
	金士松
	諾穆親
	蔣賜棨
	松筠　三月壬寅革。舒濂
	韓鑅
	德明
	竇光鼐
	鐵保
	劉墉
	吉慶
	沈初　七月庚寅遷。劉峩
	明興
	趙鍈　七月己亥遷。胡高
	穆精阿
	姜晟
	玉德
	王昶
	德成　二月，降四品銜留
鄒奕孝工部左侍郎。	鄒奕孝
	阿必達
張若渟工部右侍郎。	張若渟

世傑兵部尚書。七月戊戌休致。劉峩兵部尚書。

亮刑部尚書。

吏部左侍郎。

戶部右侍郎。四月庚辰革。慶成戶部右侍郎。

兵部左侍郎。己亥遷。趙鋐兵部左侍郎。

望兵部右侍郎。

任。

乾隆五十六年辛亥	
福康安	
彭元瑞	四月辛未革。孫士毅吏部尚書。
巴延三	十月癸丑革。福長安戶部尚書。
董誥	
常青	
紀昀	正月甲辰遷。劉墉禮部尚書。
慶桂	
劉峩	
明亮	
胡季堂	
舒常	十月癸丑，金簡工部尚書。
金簡	十月癸卯遷。彭元瑞工部尚書。
瑪興阿	
沈初	
保成	遷。十一月甲午，德明吏部右侍郎。
金士松	
諾穆親	九月乙亥遷。吉慶戶部左侍郎。十月甲
蔣賜棨	
慶成	十一月丙戌遷。額勒春戶部右侍郎。
韓鑅	
德明	十一月甲午遷。僧保住禮部左侍郎。
竇光鼐	
鐵保	
劉墉	正月戊戌遷。吳省欽禮部右侍郎。四月辛
吉慶	九月乙亥遷。乙未，明興兵部左侍郎。
趙鋐	
明興	九月乙未遷。和琳兵部右侍郎。
胡高望	
穆精阿	
姜晟	四月辛未遷。張若渟刑部左侍郎。
玉德	
王昶	
德成	十月革逮。松筠工部左侍郎。
鄒奕孝	
阿必達	正月病免。成策工部右侍郎。
張若渟	四月辛未遷。吳省欽工部右侍郎。

子，松筠戶部左侍郎。十一月丙戌，慶成戶部

未，彭元瑞禮部右侍郎。十月癸丑，遷。劉權

	乾隆五十七年壬子
	福康安八月癸酉遷。金簡吏
	孫士毅八月癸酉遷。劉墉吏
	福長安
	董誥
	常青
	劉墉八月癸酉遷。紀昀禮部
	慶桂
	劉峩
	明亮遷。正月甲午,蘇淩阿刑
	胡季堂
	金簡八月癸酉遷。和琳工部
	彭元瑞
	瑪興阿正月卒。己亥,德明吏
	沈初
	德明正月己亥遷。穆精阿吏
	金士松
左侍郎。	慶成
	蔣賜棨
	額勒春十月壬申遷。癸酉,阿
	韓鑅
	僧保住
	竇光鼐八月癸酉遷。劉躍雲
	鐵保
之禮部左侍郎。	劉權之八月丁亥遷。劉躍雲
	明興九月辛丑遷。伊齡阿兵
	趙鋘
	和琳八月癸酉遷。丙申,玉保
	胡高望
	穆精阿正月己亥遷。玉德刑
	張若渟
	玉德正月己亥遷。伊齡阿刑
	王昶
	松筠四月遷。成策工部左侍
	鄒奕孝
	成策遷。四月,巴寧阿署工部
	吳省欽

部尚書。

部尚書。

尚書。

部尚書。

尚書。

部左侍郎。

部右侍郎。十月壬申卒。額勒春吏部右侍郎。

迪斯戶部右侍郎。

禮部左侍郎。丁亥，劉權之禮部左侍郎。

禮部右侍郎。

部左侍郎。

兵部右侍郎。

部左侍郎。

部右侍郎。九月辛丑遷。明興刑部右侍郎。

郎。

右侍郎。

乾隆五十八年癸丑	
金簡	
劉墉	
福長安	
董誥	
常青	三月甲辰卒。德明禮部尚書。
紀昀	
慶桂	
劉峩	
蘇淩阿	
胡季堂	
和琳	
彭元瑞	
德明	三月甲辰遷。額勒春吏部左侍郎。
沈初	
額勒春	三月甲辰遷。明興吏部右侍郎。六月
金士松	
慶成	
蔣賜棨	
阿迪斯	五月戊午遷。巴寧阿戶部右侍郎。
韓鑅	
僧保住	三月甲辰遷。多永武禮部左侍郎。
劉權之	
鐵保	
劉躍雲	
伊齡阿	六月甲申遷。玉保兵部左侍郎。
趙鋐	
玉保	六月甲申遷。成策兵部右侍郎。
胡高望	
玉德	
張若渟	
明興	三月甲辰遷。僧保住刑部右侍郎。
王昶	三月省墓．免。乙卯，譚尚忠刑部右侍郎。
成策	五月免。六月，景安工部左侍郎。甲申遷。
鄒奕孝	八月卒。丁亥，吳省欽工部左侍郎。
景安	正月，工部右侍郎。六月遷。阿迪斯工部
吳省欽	八月丁亥遷。范宜恆工部右侍郎。

乾隆五十九年	
金簡十二月丙	
劉墉	
福長安	
董誥	
德明	
紀昀	
慶桂	
劉峩	
蘇淩阿	
胡季堂	
和琳七月甲辰	
彭元瑞	
額勒春	
沈初	
諾穆親	甲申，降。諾穆親吏部右侍郎。
金士松	
慶成八月壬申	
蔣賜棨	
巴寧阿六月戊	
韓鑅	
多永武	
劉權之	
鐵保	
劉躍雲	
成策	
趙鏌	
玉保	
胡高望	
玉德	
張若渟	
僧保住八月壬	
譚尚忠	
伊齡阿	伊齡阿工部左侍郎。
吳省欽	
阿迪斯	右侍郎。
范宜恆	

甲寅

子卒。保寧吏部尚書。

遷。松筠工部尚書。

遷。永保戶部左侍郎。

午革。辛巳，景安戶部右侍郎。

申遷。阿精阿刑部右侍郎。十月遷。丙午，宜興刑

	乾隆六十年乙卯
	保寧
	劉墉
	福長安
	董誥
	德明
	紀昀
	慶桂
	劉峩 八月丙申病免。朱珪兵部尚
	蘇凌阿
	胡季堂
	松筠
	彭元瑞
	額勒春
	沈初
	諾穆親 正月乙酉遷。富綱吏部右
	金士松 八月丙申遷。丁酉，胡高望
	永保
	蔣賜棨
	景安 五月遷。甲子，惠齡戶部右侍
	韓鑅
	多永武
	劉權之
	鐵保
	劉躍雲 降。四月戊申，周興岱禮部
	成策 二月免。己卯，玉保兵部左侍
	趙鍈 八月丁酉遷。九月辛亥，李潢
	玉保 二月己卯遷。伍彌烏遜兵部
	胡高望
	玉德 正月乙酉遷。訥穆親刑部左
	張若渟
部右侍郎。	宜興 四月丙午遷。僧保住刑部右
	譚尚忠
	伊齡阿 九月卒。台布工部左侍郎。
	吳省欽
	阿迪斯
	范宜恆

書。

侍郎。

吏部右侍郎。

郎。九月癸丑，成德戶部右侍郎。癸丑，特克慎

右侍郎。

郎。

兵部左侍郎。

右侍郎。

侍郎。十月卒。阿精阿刑部左侍郎。

侍郎。

代。